Marlis Erni-Fähndrich

Konjunktiv und indirekte Rede

Arbeitsblätter zum selbstständigen Erarbeiten des grammatischen Grundwissens

7.–10. Klasse

Kopiervorlagen mit Lösungen

Gedruckt auf umweltbewusst gefertigtem, chlorfrei gebleichtem
und alterungsbeständigem Papier.

1. Auflage 2010
Nach den seit 2006 amtlich gültigen Regelungen der deutschen Rechtschreibung
© by Brigg Pädagogik Verlag GmbH, Augsburg
Alle Rechte vorbehalten.

Originalausgabe © elk *verlag* AG, CH-Winterthur, www.elkverlag.ch
Marlis Erni-Fähndrich
Konjunktiv und indirekte Rede – Oberstufe

Das Werk und seine Teile sind urheberrechtlich geschützt. Jede Nutzung in anderen als den gesetzlich zugelassenen Fällen bedarf der vorherigen schriftlichen Einwilligung des Verlages. Hinweis zu § 52a UrhG: Weder das Werk noch seine Teile dürfen ohne eine solche Einwilligung eingescannt und in ein Netzwerk eingestellt werden. Dies gilt auch für Intranets von Schulen und sonstigen Bildungseinrichtungen.

Illustrationen: Bruno Muff

ISBN 978-3-87101-**677**-6   www.brigg-paedagogik.de

INHALTSVERZEICHNIS

Vorbemerkungen
- 6 Der Konjunktiv – eine häufige Fehlerquelle
- 6 Zum Aufbau
- 6 Teil 1: Konjunktiv II
- 8 Teil 2: Indirekte Rede
- 11 Zur Bearbeitung und
- 11 Übersicht

Arbeitsblätter

(Die Angaben in Klammer erklären, worum es geht)
* = Freie Aufgaben

TEIL 1: Konjunktiv II

Die Party
(Eine Realsituation zur Einstimmung)
- 13   1 Versteh mich richtig ...
  (Einladung zur Party)
- 14   2 Wer kommt?
  (Antworten interpretieren)
- 15   3 Er kommt, er kommt nicht, er kommt ...
  (Konjunktiv II interpretieren)

Bedingungen
- 16   4 Wenn das Wörtchen „wenn" nicht wär!
  (Gegenwart und Zukunft)
- 17   5 Immer oder nicht immer?
  (Allgemein gültige und spezifische Bedingungen)
- 18   6* Das war früher
  („Wenn" plus Indikativ in der Vergangenheit)
- 19   7* Das hätte mir gefallen
  (Wünsche in der Vergangenheit)
- 20   8 Ich hätte, ich wäre, ich würde
  (Konjunktiv II der Hilfsverben)
- 21   9 Wenn ich aufgepasst hätte ...
  (... wäre die negative Folge ausgeblieben)
- 22   10* Wirklich – nicht wirklich
  (Unterschied Indikativ – Konjunktiv II)

Anwendung des Konjunktivs II
- 23   11 Gedachtes
  (Einführung: Begriff Konjunktiv II; Konjunktiv der Modalverben)
- 24   12 Sehr höflich
  (Bitten und Ratschläge höflich ausdrücken)
- 25   13* Selbst bestimmen
  (Vorstellungen im Konjunktiv II)

26	14	Die gewonnene Reise
		(Konjunktiv II erkennen)
27	15*	Ein Tag ohne Strom
		(Konjunktiv II anwenden)
28	16	Wenn-Sätze kürzer schreiben
		(Wenn-Sätze ohne „Wenn" schreiben)
29	17	Aus zwei mach eins
		(Satzgefüge als Hauptsatz schreiben)
30	18	würde
		(„würde" oder Konjunktiv II des Verbs einsetzen)
31	19	„würde, würde" würde ich nicht sagen
		(Zweimaliges „würde" vermeiden)
32	20	als ob / als wenn / wie wenn
		(Konjunktiv II in hypothetischen Vergleichen)
33	21	Zusammenfassung: Konjunktiv II
		(Die wichtigsten Anwendungen)
34	22	Was trifft zu?
		(Konjunktiv II-Sätze unterscheiden)
35	23*	Erfindung
		(Einen Gegenstand erfinden und ihn beschreiben)

TEIL 2: Indirekte Rede

Wiedergeben, was andere gesagt haben

36	24	Schweigen und sprechen
		(Sachverhalt in direkter Rede aufschreiben)
37	25	Hast du schon gehört, ...?
		(Direkte und indirekte Rede unterscheiden)
38	26	Unterschiede feststellen
		(Unterschiede wie z. B. Satzzeichen zwischen direkter und indirekter Rede übermalen)
39	27	Fragen ohne Fragezeichen
		(In direkter und indirekter Rede alle Satzzeichen einsetzen)
40	28	Überraschung
		(In einem Text direkte und indirekte Rede erkennen)
41	29	Dreierlei
		(Erzählsatz, direkte und indirekte Rede unterscheiden)

Der Konjunktiv I

42	30	Der Konjunktiv I
		(Einführung des Begriffs; direkte Rede in indirekte umformen)
43	31	Der kleine Eisbär
		(Eine kurze Geschichte in indirekter Rede aufschreiben)
44	32	Indirekt gesagt
		(Infinitiv im Konjunktiv I aufschreiben)
45	33	Nicht für alle
		(Nicht für alle Personen eine eigene Konjunktiv I-Form)

46	34	Was tun?
		(Was tun, wenn die Konjunktiv I-Form nicht eindeutig ist?)
47	35	Ganz einfach
		(Konjunktiv II als Ersatz für den nicht eindeutigen Konjunktiv I)
48	36	Dasselbe nochmals
		Es ist einfach, den Konjunktiv I zu bilden
49	37	Das erzählt Carmen über sich
		(Sätze in indirekter Rede wiedergeben)
50	38*	Jetzt rede ich!
		(Über sich selber berichten und in indirekter Rede aufschreiben)
51	39	Der seltsame Einbrecher
		(Zeitungsnotiz in indirekter Rede schreiben)

Verwandlungen

52	40	Erzähl es weiter ...
		(Erzählperspektive ändern: Pronomen anpassen)
53	41	Wer ist „ich"?
		(Pronomen erkennen und in der indirekten Rede anpassen)
54	42	Wer ist was?
		(Vornamen den Pronomen zuordnen)
55	43	Bald wissen es alle ...
		(Direkte Rede als indirekte aufschreiben)
56	44	Wer ist „sie"?
		(Eindeutigkeit: Pronomen oder Nomen einsetzen)
57	45	Feriengrüße
		(Ansichtskarten-Text in indirekter Rede schreiben)
58	46	Hier und dort
		(Ortsangaben anpassen)
59	47	Zusammenfassung: Indirekte Rede
		(Umsetzung direkte in indirekte Rede)
60	48	Die Wanderung
		(Eine Wegbeschreibung in indirekter Rede wiedergeben)
61	49	Durch die Blume gesagt
		(Kritik in indirekter Rede aufschreiben)
62	50	Eins oder zwei?
		(Konjunktiv I und II in Zeitungsmeldungen unterscheiden)
63	51	Ein Fernsehinterview
		(Wünsche in indirekter Rede aufschreiben)
64	52*	Ich wünsche mir ...
		(Eigene Wünsche in indirekter Rede aufschreiben)

LÖSUNGEN

65-77	Teil 1: Konjunktiv II
78-103	Teil 2: Indirekte Rede

VORBEMERKUNGEN

DER KONJUNKTIV – EINE HÄUFIGE FEHLERQUELLE

Der Konjunktiv (Möglichkeitsform) gehört zu den schwierigeren Kapiteln der deutschen Grammatik. Es gibt in vielen Fällen Regeln, wann welche Form zu wählen ist. Es gibt aber auch einen Graubereich, der es dem persönlichen Stil überlässt, welche Form man verwendet. Regelverstöße lassen sich mit elementarem Wissen verhindern. Es ist ja nicht so, dass man den Konjunktiv nicht verwendet, und sehr oft wählt man intuitiv die richtige Form. Wenn man aber darüber nachdenkt oder versucht, sich an eine Regel zu erinnern, wird man schnell unsicher. Und in Zweifelsfällen entscheidet man sich dann für die *Würde*-Form, die ja auch am bequemsten ist und den Konjunktiv deutlich signalisiert.

Die Arbeitsblätter „Konjunktiv und indirekte Rede" beinhalten die typischsten Anwendungen von Konjunktiv II und Konjunktiv I und verhelfen dadurch zu mehr Sicherheit. Es geht nicht in erster Linie um theoretische Kenntnisse. Das Schwergewicht liegt auf der Unterscheidung von Konjunktiv I und II, der korrekten Verwendung der Formen sowie auf der Umsetzung der Pronomen (indirekte Rede). Dadurch werden die Arbeitsblätter unabhängig von den aktuellen Grammatikkenntnissen flexibel einsetzbar.

ZUM AUFBAU

Die Arbeitsblätter bestehen aus zwei Teilen:
- Teil 1: Konjunktiv II
- Teil 2: Indirekte Rede (Konjunktiv I)

TEIL 1: KONJUNKTIV II

Im *Teil 1* geht es um die Anwendungen des Konjunktivs II in folgenden Fällen (vgl. auch 21 Zusammenfassung, S. 33 der Arbeitsblätter):
- Bedingungen, die nicht erfüllt werden:
  Wenn ich die Antwort wüsste, würde ich sie dir sagen.
- Wünsche, die nicht in Erfüllung gehen (oder gegangen sind):
  Könnte ich doch fliegen! Hätte ich das doch früher gewusst!
- Dinge, die man sich nur vorstellt oder die man nur denkt:
  Sie hätte doch genug Geld, um eine Weltreise zu machen.
- Sehr höfliche Bitten und Ratschläge:
  Würden Sie diesen Brief zur Post bringen?

VORBEMERKUNGEN

- Vergleiche, die nicht zutreffen:
  Er sah aus, als ob er direkt aus der Kohlengrube käme. / ... als käme er direkt aus der Kohlengrube.

Diese fünf Anwendungsbereiche werden in den Arbeitsblättern und in der Zusammenfassung unterschieden. In den anschließenden Übungen müssen allerdings nur drei Bereiche unterschieden werden: Weggelassen wurden die höflichen Bitten und Ratschläge, da sie in der geschriebenen Sprache doch eher selten sind. Die Bereiche *Wünsche* und *Gedachtes* werden als eine einzige Gruppe behandelt, da sie sich nicht immer klar voneinander abgrenzen lassen. Die konkrete Unterscheidung zwischen Wunsch und Gedachtem ist letztlich nicht so wichtig; wichtiger ist das Wissen, dass man sie mit dem Konjunktiv II ausdrückt.

Man könnte die Anwendung des Konjunktivs II natürlich noch feiner differenzieren. Die in den Arbeitsblättern vorgenommene Unterscheidung ist so gesehen etwas willkürlich, folgt aber der didaktischen Absicht, nur die wesentlichen Anwendungsbereiche auseinanderzuhalten und bewusst zu machen.

Wenn der Konjunktiv II nicht eindeutig (formgleich mit dem Indikativ Präteritum) oder veraltet ist, wird auf die *Würde*-Form ausgewichen. Welche Konjunktiv II-Formen als veraltet gelten, ist nicht eindeutig. Feststellbar ist, dass dies immer mehr Verben betrifft und man immer häufiger auf die *Würde*-Form ausweicht. In älteren Deutschlehrmitteln galten noch viel mehr Formen als korrekt; heute werden sie als gestelzt oder komisch empfunden. Es ist zum Teil auch eine Frage des persönlichen Stils. Ihn kann man aber nur frei wählen, wenn man um die dahinterstehenden grammatischen Sachverhalte weiß. Deshalb werden auch kurz ältere Formen erwähnt, so dass den Lernenden bewusst wird, dass *die Würde-Form ein Ersatz für nicht mehr verwendete Konjunktiv II-Formen* ist. Es hat ja durchaus seinen Reiz, ältere Texte mit den seltsamen Verbformen zu lesen.

Etliche Übungen betreffen Stilfragen: Wenn-Sätze werden kürzer formuliert:
  Ich wäre froh, wenn ich zu Hause wäre → Wäre ich doch zu Hause!
Dabei geht es im Wesentlichen darum, die Konjunktion „wenn" auf unterschiedliche Arten zu ersetzen:
  Wenn es regnet ... → Bei Regen(wetter) ...

VORBEMERKUNGEN

Grammatische Besonderheit: Wenn-Sätze

Wenn-Sätze sind nicht immer Konditionalsätze, die einen Konjunktiv nach sich ziehen: „Wenn" kann sowohl Konditional- als auch Temporalkonjunktion sein:

- Temporal (zeitlich; frz. quand; engl. when): mit Indikativ
  Wenn die Ampel auf Grün wechselt, darf man fahren.
  Wenn man Wasser lange genug erhitzt, beginnt es zu kochen.
  Das temporale „wenn" lässt sich hier ersetzen durch „sobald" oder „jedes Mal, wenn" bzw. „immer, wenn".

- Konditional (frz. si; engl. if): mit Indikativ oder Konjunktiv
  Wenn sie Zeit hat, kommt sie bestimmt. / Wenn sie Zeit hätte, käme sie bestimmt.
  Das konditionale „wenn" kann ersetzt werden durch „falls", „für den Fall (, dass)", „unter der Bedingung (, dass)", „sofern", „vorausgesetzt (, dass)", „angenommen (, dass)".

In den Arbeitsblättern wird die Unterscheidung zwischen temporaler und konditionaler Verwendung von „wenn" nicht explizit erklärt, aber es wird in Übungen darauf hingewiesen, indem zwischen „immer gültig" und „nicht immer gültig" entschieden werden muss. Die Mehrzahl der Übungen zum Konjunktiv II beinhaltet nicht erfüllte Bedingungen und Wünsche, nur Gedachtes sowie Vergleiche, die nicht zutreffen.

TEIL II: INDIREKTE REDE

Teil 2 behandelt die indirekte Rede und den Konjunktiv I also die Hauptform zur Wiedergabe der indirekten Rede.

Die Hauptregeln sind einfach:
- Indirekte Rede wird zumeist durch den Konjunktiv I wiedergegeben.
- Formen des Konjunktivs I, die nicht eindeutig sind (formgleich mit dem Indikativ Präsens), werden durch den Konjunktiv II ersetzt.
- Wenn auch der Konjunktiv II nicht eindeutig ist (formgleich mit dem Indikativ Präteritum), wird auf die *Würde*-Form ausgewichen.
  Hier geschieht die Verbindung zum Konjunktiv II.
- Steht schon in der direkten Rede ein Konjunktiv II, wird er in der indirekten Rede beibehalten.

Für einige häufig verwendete Verben werden einander beispielhaft Indikativ Präsens und Konjunktiv I gegenübergestellt. Dabei wird deutlich, dass es nicht für alle Personen eindeutige Konjunktiv I-Formen gibt.

VORBEMERKUNGEN

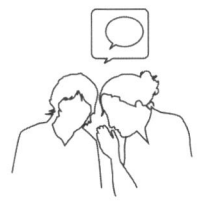

Die Umsetzung von der direkten in die indirekte Rede verlangt nicht nur eine andere Verbform. In einer separaten Übung wird ausdrücklich auf die Unterschiede aufmerksam gemacht:
- kein Doppelpunkt
- keine Redezeichen (Anführungs- und Schlusszeichen)
- Frage- oder Ausrufezeichen der direkten Rede werden in der indirekten Rede durch Punkt ersetzt.

Ein weiteres Merkmal ist die Umsetzung der *Erzählperspektive: Pronomen*
- Die 1. Person der direkten Rede wird zur 3. Person der indirekten:
  Olaf erzählte: „*Ich besuche ein Pfadfinder-Lager in Interlaken. Mein Freund kommt auch mit.*"
  Analoges gilt für den Plural:
  Selina und Tanja schrieben: „*Wir kommen am Samstag aus den Ferien zurück. Wir nehmen am Flughafen ein Taxi.*"
  Selina und Tanja schrieben, sie *kämen am Samstag aus den Ferien zurück.* Sie *nähmen am Flughafen ein Taxi.*
- Die 2. Person der direkten wird zur 1. Person der indirekten Rede:
  Eveline frage mich: „*Leihst* du *mir dein Fahrrad?*"
  Eveline frage mich, ob ich *ihr mein Fahrrad leihe.*"
  Analog im Plural:
  Dominik fragte uns: „*Kommt* ihr *auf die Party?*"
  Dominik fragte uns, ob wir *auf die Party kämen.*
- Die 3. Person bleibt 3. Person:
  Die Tante jammert: „*Mein Sohn ist krank. Er hat hohes Fieber.*"
  Die Tante jammert, ihr Sohn sei krank. Er habe hohes Fieber.

Übersicht:

Einzahl		Mehrzahl	
Direkte Rede	Indirekte Rede	Direkte Rede	Indirekte Rede
ich →	er / sie / es	wir →	sie
du →	ich	ihr →	wir
er / sie / es →	er / sie / es	sie →	sie

VORBEMERKUNGEN

Ortsangaben
Auch lokale Angaben werden an den Standpunkt des Berichtenden angepasst.
Steve hat geschrieben: „Hier ist herrliches Sommerwetter."
Steve hat geschrieben, dort *sei herrliches Sommerwetter.*
Diese Sachverhalte werden geübt, aber nicht als grammatische Regeln erklärt. Es wird jedoch an das Vorstellungsvermögen appelliert.

Zeitangaben
Auch zeitliche Angaben müssen angepasst werden:
Nicolas hat mir am Samstag gesagt: „Morgen besuche ich meinen Freund."
Nicolas hat mir am Samstag gesagt, am Sonntag (am nächsten Tag) besuche er seinen Freund.
Solche Übungen kommen in den Arbeitsblättern nicht vor.

Aus *kommunikativer* Sicht kann man eine einfache „Faustregel" formulieren: Bei der indirekten Rede muss deutlich werden, dass man etwas wiedergibt, was eine andere Person geäußert hat. Wenn die indirekte Rede eindeutig als solche gekennzeichnet ist, kann auf den Konjunktiv verzichtet und stattdessen der Indikativ verwendet werden. Dies geschieht häufig in Nebensätzen, z. B. in *Dass*-Sätzen:
   Sie hat gesagt, sie habe dich angerufen. → *Sie hat gesagt, dass sie dich angerufen hat.*
   Er hat gesagt, er komme. → *Er hat gesagt, dass er kommt.*
Andererseits ist es stilistisch schöner, *Dass*-Sätze zu vermeiden.

Besonderheiten
Wenn man in der indirekten Rede den Konjunktiv II statt des Konjunktivs I verwendet, kann man Zweifel ausdrücken:
Manuel behauptet, er habe *alle Aufgaben selbst gelöst.* Dies ist eine neutrale Wiedergabe der Aussage.
Manuel behauptet, er hätte *alle Aufgaben selbst gelöst.* Hier drückt der Konjunktiv II aus, dass man Manuel nicht glaubt, dass er alle Aufgaben selber gelöst hat.
Dass der Sprecher durch den Konjunktiv II Zweifel am Wahrheitsgehalt ausdrücken kann, wird in den Arbeitsblättern nicht erwähnt. Da ohnehin eine Tendenz zur Verwendung des Konjunktivs II (bzw. der *Würde*-Formen) besteht, sollten Zweifel auf andere Art ausgedrückt werden, z. B. mit *behaupten , will es (nicht) getan haben, angeblich, nach seiner Aussage* usw.
Solche Aufgaben kommen in den Arbeitsblättern nicht vor.

Es gibt weitere Verwendungen für den Konjunktiv I, etwa in (älteren) Kochrezepten (man *nehme),* in Mathematikaufgaben (gegeben *sei)* oder in Wünschen (er *möge* Erfolg haben) usw.

VORBEMERKUNGEN

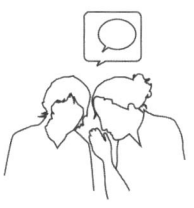

Darauf wird in den Arbeitsblättern nicht eingegangen, da es ja um die indirekte Rede geht.

ZUR BEARBEITUNG

Grundsätzlich sind beide Teile unabhängig voneinander einsetzbar. Teil 2, Indirekte Rede, setzt allerdings das Wissen um den Konjunktiv II voraus.

Damit Sie die einzelnen Arbeitsblätter gezielt einsetzen können, zeigt Ihnen ein knapper Kommentar im Inhaltsverzeichnis, worum es jeweils geht.

Die Arbeitsblätter sind recht *schreibintensiv*. Es wurde zwar darauf geachtet, dass so wenig wie möglich aufgeschrieben werden muss. Dennoch bringt es das Thema mit sich, dass ganze Sätze aufgeschrieben oder transformiert werden müssen.

Die Arbeitsblätter eignen sich gut für Partnerarbeit oder als Hausaufgaben.
Wichtig ist, dass die Schülerinnen und Schüler ihre Aufgaben sorgfältig korrigieren und auch auf die Zeichensetzung achten.
Für die freien Aufgaben können natürlich keine Lösungen oder Lösungsvorschläge gegeben werden. Freie Aufgaben sind im Inhaltsverzeichnis speziell gekennzeichnet (*). Die entsprechenden Themen können im Klassenunterricht gut weitergeführt werden.

ÜBERSICHT

Grammatische Form	Verwendung
Konjunktiv I	Indirekte Rede
Konjunktiv II	• Indirekte Rede, wenn sich der Konjunktiv I nicht vom Indikativ Präsens unterscheidet • Nicht erfüllte Bedingungen • Nicht erfüllte Wünsche • Etwas, das man sich nur denkt • Höfliche Bitten und Ratschläge • Vergleiche, die nicht zutreffen
Würde-**Form**	Wenn sich der Konjunktiv II nicht vom Indikativ Präteritum unterscheidet oder wenn der Konjunktiv II veraltet ist

DIE PARTY

1 Versteh mich richtig …

Wenn du mit jemandem sprichst oder wenn du jemandem schreibst, möchtest du, dass dich die andere Person versteht, und zwar genau so, wie du es meinst. Und umgekehrt möchtest du verstehen, was die anderen wirklich meinen.

Es genügt nicht, dass du die passenden Wörter in eine sinnvolle und korrekte Reihenfolge bringst. Der Hörer oder die Leserin soll auch deine *Absicht* verstehen. Dazu gibt es verschiedene sprachliche Möglichkeiten, die du kennenlernen wirst. Es sind gar nicht immer ganze Sätze notwendig, damit man die Bedeutung versteht.

Simon hat 12 Freunde und Freundinnen zu einer Party eingeladen:

Nun erwartet Simon die Antworten, wer kommt und wer nicht. Und er überlegt bereits, wie er den Abend gestalten will …

DIE PARTY

2 Wer kommt?

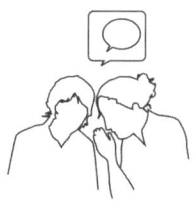

Schon bald treffen Antworten ein – als Karte, als E-Mail oder als SMS. Simon stellt sie in einer Liste zusammen.

A2.1: Wer kommt? Wer nicht? Und wer ist noch unsicher? *Kreuze an.*

	Antworten:	kommt	kommt nicht	unsicher
1. Alda:	Komme gern.	☐	☐	☐
2. Bea:	Habe leider Training.	☐	☐	☐
3. Chris:	Ich muss es mir noch überlegen.	☐	☐	☐
4. Dario:	Ich käme gern, wenn ich Zeit hätte.	☐	☐	☐
5. Ethel:	Ich komme gern, wenn ich Zeit habe.	☐	☐	☐
6. Ferenc:	Super! Bin dabei!	☐	☐	☐
7. Gilda:	Toll!	☐	☐	☐
8. Harry:	Ich kann erst eine Stunde später kommen.	☐	☐	☐
9. Indrani:	Ich komme nur, wenn Miguel auch kommt.	☐	☐	☐
10. Kevin:	Am Samstag kann ich nicht kommen.	☐	☐	☐
11. Leila:	Weiß noch nicht.	☐	☐	☐
12. Miguel:	(Seine Antwort fehlt noch.)	☐	☐	☐
	Zwischenergebnis			

Nachdem Simon aufgrund der 11 Antworten die provisorische Liste erstellt hat, ruft Miguel an und sagt, er finde die Idee lässig und er komme gern.

A2.2: *Streiche oben die Zeilen 9 und 12 durch und trage die beiden neuen Resultate sowie das Endergebnis hier ein.*

9. Indrani:	(Kommt, wenn Miguel auch kommt.)	☐	☐	☐
12. Miguel:	(Er kommt gern.)	☐	☐	☐
	Endergebnis			

DIE PARTY

3 Er kommt, er kommt nicht, er kommt …

Simons jüngere Schwester hat angeboten, ihm bei den Vorbereitungen zur Party zu helfen. Sie schaut seine Liste an und fragt ihn, ob Dario komme oder nicht. Er habe geschrieben: „Ich käme gern, wenn ich Zeit hätte." Das heiße doch, dass er noch nicht wisse, ob er Zeit haben werde.

Simon aber findet, es sei eindeutig: Dario komme nicht; er habe keine Zeit. Simon ist allerdings auch nicht ganz sicher, ob er es richtig verstanden hast.

A3: Welche Möglichkeiten hat Simon, um das abzuklären?
Kreuze die zwei Möglichkeiten an, die dir am passendsten erscheinen.

☐ 1. Ich rufe Dario an und frage ihn.
☐ 2. Ich lasse es drauf ankommen; ich sehe ja dann, ob er kommt oder nicht.
☐ 3. Ich frage die Lehrerin oder den Lehrer, was der Satz genau heißt.
☐ 4. Ich mache (oder lasse) das Kreuz bei „unsicher".

Nehmen wir an, Simon habe sich für die Möglichkeit 1 entschieden: er telefoniert mit Dario. Dieser ärgert sich über den Anruf, weil er ihn gerade stört. Er sagt nur: „Ruf später an – ich habe jetzt wirklich keine Zeit."

Simon fragt also die Lehrerin oder den Lehrer:

„*Hätte* drückt aus, dass etwas nicht möglich ist, dass man etwas nicht hat. Es ist eine Art Bedingungssatz: *Wenn ich Zeit hätte* – aber man hat eben gerade keine Zeit. Also: Dein Freund Dario kommt nicht."

„Anders ist es mit Ethel: Sie schreibt: ‚Ich komme gern, wenn ich Zeit habe.' Sie weiß noch nicht, ob sie Zeit haben wird. Es ist nicht ausgeschlossen, dass sie doch noch Zeit findet – im Unterschied zu Dario: Er weiß, dass er keine Zeit hat."

Immerhin weiß Simon jetzt, dass Dario nicht auf die Party kommt. Er beschließt, ein andermal die Frage so zu stellen, dass sie nur mit „Ja" oder „Nein" beantwortet werden kann!

BEDINGUNGEN

4 Wenn das Wörtchen „wenn" nicht wär!

Einige Zeit später beginnt die Lehrerin die Deutschstunde, indem sie ein großes

Wenn

an die Tafel schreibt.

Das kennst du gut: „Wenn du nicht sofort aufhörst, gibt es kein Dessert." – „Wenn du nicht pünktlich kommst, darfst du den Fernsehfilm nicht anschauen." – „Wenn du dein Zimmer nicht aufräumst, musst du zu Hause bleiben." – Und so weiter.

Dir ist klar: Nach *wenn* steht die Bedingung, und dann folgt die Drohung!

Und schon tönt es: „Wenn du nicht aufpasst und zuhörst, musst du nachsitzen!" Du hast gut verstanden, dass die Lehrerin *dich* meint.

Sie erklärt:

Mit „Wenn" werden Sätze eingeleitet, die eine Bedingung enthalten. Diese Bedingung muss erfüllt sein, damit das Geschehen im anderen Teilsatz eintreten kann.

Einige Beispiele:

Bedingung	Geschehen
Wenn man Wasser lange genug erhitzt,	beginnt es zu kochen.
Wenn am Sonntag die Sonne scheint,	gehe ich schwimmen.
Wenn es noch lange regnet,	gibt es eine Überschwemmung.
Wenn ich wieder zu Hause bin,	rufe ich dich an.

Die Bedingungen sind noch nicht erfüllt; aber es ist wahrscheinlich, dass sie eintreten. Falls die Bedingung erfüllt ist, tritt das Geschehen ein:
Immer, wenn man Wasser lange genug erhitzt, beginnt es zu kochen.
Die anderen drei Beispiele sind eher einmalig: Ich rufe jemanden ja nicht jedes Mal an, wenn ich wieder zu Hause bin.

BEDINGUNGEN

5 Immer oder nicht immer?

A5.1: Welche Aussagen sind immer gültig?
Welche betreffen nur einzelne Ereignisse? *Kreuze an.*

		immer gültig	nicht immer gültig
1.	Wenn es regnet und die Sonne scheint, gibt es einen Regenbogen.	☐	☐
2.	Wenn du mich am nächsten Sonntag besuchst, gehen wir ins Kino.	☐	☐
3.	Wenn es nicht bewölkt ist, sehen wir heute Abend den Vollmond.	☐	☐
4.	Wenn du dich beeilst, erreichen wir den Schnellzug um 10 Uhr 15.	☐	☐
5.	Wenn der Strom ausfällt, brennt die Lampe nicht.	☐	☐
6.	Wenn die Straße vereist ist, muss man vorsichtig gehen.	☐	☐
7.	Wenn ich die Prüfung bestehe, erhalte ich ein Mountainbike.	☐	☐
8.	Wenn das Huhn ein Ei gelegt hat, gackert es.	☐	☐
9.	Wenn ein Flugzeug abstürzt, gibt es nur selten Überlebende.	☐	☐
10.	Wenn du mir dein Skateboard leihst, gebe ich dir die CD.	☐	☐
11.	Wenn das Benzin ausgeht, fährt das Auto nicht mehr.	☐	☐
12.	Wenn du willst, kannst du mit uns in die Ferien fahren.	☐	☐

Sätze mit *wenn* sind nicht immer schön; oft kann man sie einfacher schreiben:

Als Beispiel Satz 3:

3. Bei klarem Himmel sehen wir heute Abend den Vollmond.

A5.2: *Wähle oben drei Sätze aus. Schreibe sie besser und ohne* wenn.

Nr.	Verbesserter Satz

BEDINGUNGEN

6 Das war früher

In allen Beispielen auf den letzten zwei Seiten kamen Bedingungen vor, die *wahrscheinlich* oder *sicher* erfüllt werden. Deshalb konnte die normale Verbform verwendet werden. Das gilt nicht nur für die Gegenwart und die Zukunft, sondern auch für die Vergangenheit.

Vergangenheit	Gegenwart	Zukunft

A6: Wie warst du als Kind? Was hast du regelmäßig gemacht? Und unter welchen Bedingungen?

Beispiele: Wenn ich eine Katze sah, lief ich ihr nach.

Wenn ich Bauklötze fand, steckte ich sie in den Mund.

Schreibe fünf eigene Wenn-Sätze auf:

1. _____

2. _____

3. _____

4. _____

5. _____

BEDINGUNGEN

7 Das hätte mir gefallen

Früher hast du nicht nur allerlei gemacht. Du hattest auch Wünsche, die sich nicht erfüllt haben.

Was hättest du gerne gemacht?

Beispiele: Wenn meine Eltern es erlaubt hätten, wäre ich in den Ferien gern auf einen Bauernhof gefahren.

Wenn ich abtrocknen sollte, wäre ich lieber Fußball spielen gegangen.

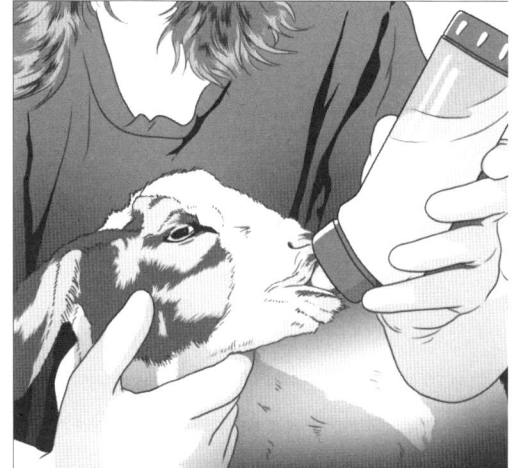

A7: *Schreibe selbst solche Sätze auf.*

1. _____

2. _____

3. _____

4. _____

5. _____

BEDINGUNGEN

8 Ich hätte, ich wäre, ich würde

Wünsche, die sich nicht erfüllt haben, drückt man anders aus als solche, die in Erfüllung gegangen sind.

Nehmen wir an, du hast dir mehr Taschengeld gewünscht. Deine Eltern haben dir angeboten, im Haushalt kleinere Arbeiten zu übernehmen und zusätzliches Taschengeld zu verdienen. Darüber kannst du auf zwei Arten berichten:

- Wenn ich meine Aufgaben gut gemacht *habe, habe* ich mehr Taschengeld bekommen.

  Das heißt: Immer, wenn du deine Aufgaben gut gemacht hast, dann hast du mehr Taschengeld bekommen. Dein Wunsch nach mehr Taschengeld wurde erfüllt.

- Wenn ich die Aufgaben gut gemacht *hätte, hätte* ich mehr Taschengeld bekommen.

  Das heißt: Du hast die Aufgaben (meistens) nicht gut gemacht; deshalb hast du kein zusätzliches Taschengeld erhalten. Dein Wunsch nach mehr Taschengeld wurde nicht erfüllt.

Du kennst die verschiedenen Verbformen.

A8: *Ergänze die Tabelle:*

	haben		sein		werden	
ich	habe	hätte	bin	wäre	werde	würde
du	hast	hättest			wirst	würdest
er/sie/es	hat					
wir						
ihr						
sie						

BEDINGUNGEN

9 Wenn ich aufgepasst hätte …

Helen hat nicht aufgepasst. Sie hat sich in den Finger geschnitten.

Das hätte Helen vermeiden können:

Wenn Helen aufgepasst *hätte, hätte* sie sich nicht in den Finger geschnitten.

A9: *Schreibe die Sätze als Wenn-Sätze, und zwar so, dass die negative Folge ausbleibt:*

1. Cyrill hat den Wecker nicht gehört.
   Er ist zu spät gekommen. — Wenn Cyrill den Wecker gehört hätte, wäre er nicht zu spät gekommen.

2. Sindi hat ihr Fahrrad nicht abgeschlossen.
   Es ist gestohlen worden. — Wenn

3. Boris hat gegen die Wand geschlagen.
   Er hat sich den Finger verstaucht.

4. Carmen hat die heiße Platte berührt.
   Sie hat sich die Hand verbrannt.

5. Andrina hat den Kuchen vergessen.
   Er ist verbrannt.

6. Jan hat die Haustür nicht abgeschlossen.
   Es ist eingebrochen worden.

BEDINGUNGEN

10 Wirklich – nicht wirklich

Etwas, das wirklich geschehen ist, drückt man anders aus als etwas, das man sich nur gedacht oder gewünscht hat.

Beispiele: Wenn ich Zeit *hatte, bin* ich in den Wald gegangen.

Wenn ich wütend *war, knallte* ich die Tür *zu.*

Mit diesen Verbformen drückt man *Tatsachen* aus. Ich bin tatsächlich in den Wald gegangen, wenn ich Zeit hatte. Und ich habe die Türe zugeknallt, wenn ich wütend war.

Etwas, das man sich nur *vorstellt* oder *wünscht* (oder gewünscht hat), drückt man mit anderen Verbformen aus:

Beispiele: Wenn ich mehr Geld gehabt *hätte, wäre* ich ins Kino gegangen.

Wenn ich einen Hund *hätte, würde* ich mit ihm laufen gehen.

Diese Verbformen sagen, dass sich die Wünsche nicht erfüllt haben oder sich nicht erfüllen: Ich wäre (zwar) gern ins Kino gegangen, aber ich hatte kein Geld. Ich würde mit dem Hund laufen gehen, wenn ich einen hätte – aber ich habe keinen Hund.

A10: *Schreibe drei eigene Wünsche auf, die sich nicht erfüllt haben oder sich nicht erfüllen.*

1. _____

2. _____

3. _____

ANWENDUNG DES KONJUNKTIVS II

11 Gedachtes

Du kennst bereits Verbformen wie *hätte* und *wäre*.
Man nennt diese Verbform **Konjunktiv II**.

II ist das römische Zeichen für **zwei**.

**Der Konjunktiv II drückt aus,
dass man sich etwas nur vorstellt oder denkt.**

Diese Verbform – den Konjunktiv II – kennst du auch von anderen Verben.

A11.1: *Ergänze die Tabelle – wenn du nicht zu groß schreibst, haben die Verben Platz.*

	können	mögen	dürfen	müssen	sollen	wollen
ich	könnte					
du		möchtest				
er/sie/es			dürfte			
wir				müssten		
ihr					solltet	
sie						wollten

A11.2: *Wähle oben die passende Verbform aus und setze sie ein.*

1. Er (sollen) _____ sich die Haare schneiden lassen.

2. Ich (mögen) _____ mit ihm ins Kino gehen.

3. Ihr (können) _____ die Plakate gestalten.

4. Wir (müssen) _____ zuerst die Rollen verteilen.

5. Sie (dürfen; Plural) _____ bereits in Rom sein.

6. Du (wollen) _____ doch auch mitkommen.

ANWENDUNG DES KONJUNKTIVS II

12 Sehr höflich

Mit dem Konjunktiv II kann man eine Bitte höflicher ausdrücken oder jemandem einen höflichen Ratschlag erteilen.

Beispiele: Könnten Sie mir bitte helfen? – Würden Sie mir bitte helfen?

Dürfte ich Sie um eine Auskunft bitten?

Sie sollten pünktlicher sein.

A12: *Formuliere die folgenden Angaben als höfliche Bitte oder als höflichen Ratschlag.*

1. Du fragst Anita, ob du ihre Schere benutzen darfst. — Dürfte ich deine Schere benutzen?

2. Du empfiehlst Percy, sich die Haare zu waschen. — Du

3. Du bittest deine Tante, dir zwei Euro zu leihen.

4. Du schlägst vor, gemeinsam ins Kino zu gehen. — Wir

5. Du rätst Diana, die Wahrheit zu sagen.

6. Du fragst einen Polizisten nach dem Weg zur Busstation. — Könnten

ANWENDUNG DES KONJUNKTIVS II

13 Selbst bestimmen

Du weißt, dass man Ereignisse, die man sich vorstellt oder wünscht, mit dem Konjunktiv II ausdrücken kann.

Stell dir vor, du könntest einen Tag lang selbst bestimmen, was du tun möchtest und was nicht. Niemand dürfte dir etwas vorschreiben.

Was würdest du tun? Wie sähe ein solcher Tag für dich aus?

A13: *Schreibe fünf Sätze auf.*

1. _____

2. _____

3. _____

4. _____

5. _____

ANWENDUNG DES KONJUNKTIVS II

14 Die gewonnene Reise

Den Konjunktiv II der Verben

haben, sein, werden, können, mögen, dürfen, müssen, sollen, wollen

hast du kennengelernt.

Es gibt noch andere Verben, die für den Konjunktiv II eine eigene Form haben:

bringen, geben, gehen, kommen, lassen, sehen, wissen und andere.

Beispiele: Ich *brächte* dir gern das Buch zurück.
Ich *gäbe* viel, wenn ich die Mathe-Prüfung schon hinter mir hätte.
Ich *sähe* mir gern einen Abenteuerfilm an.
Ich *wüsste* schon gern, ob er kommt oder nicht.

A14: *Male im folgenden Text alle Konjunktiv II-Formen mit Farbe an.*

So verliefe unsere Reise

Wenn wir die Wettbewerbs-Reise gewinnen würden, könnten wir bereits im nächsten Monat nach Südfrankreich fliegen. Es würde uns keinen Cent kosten; wir bekämen sogar Taschengeld.

Am ersten Tag flögen wir nach Marseille. Auf dem Flughafen von Marignane käme uns ein Taxi abholen und brächte uns ins Hotel. Wir würden wie Könige willkommen geheißen, könnten das beste Essen auswählen und Dessert bestellen, so viel wir möchten.

Wir würden ausgiebig shoppen und typische Dinge kaufen. Wir dürften aber auch Ausflüge in die Umgebung machen. Wenn wir die Camargue besuchen würden, sähen wir sicher weiße Pferde und wilde Stiere. Wenn ich nur wüsste, wann die Zigeunerwallfahrt stattfindet; das möchte ich einmal erleben.

Es gäbe so vieles anzuschauen, das wir noch nie gesehen haben. Und wir könnten nachher darüber berichten, sodass alle neidisch würden. Wenn diese Reise doch Wirklichkeit würde!

ANWENDUNG DES KONJUNKTIVS II

15 Ein Tag ohne Strom

Stell dir vor, der Strom würde einen ganzen Tag lang abgestellt. Was könntest du nicht tun? Was würde sich für dich ändern? Was würde noch funktionieren?

A15: *Schildere einen Tag in deinem Leben ohne Strom.*

ANWENDUNG DES KONJUNKTIVS II

16 Wenn-Sätze kürzer schreiben

Viele Wenn-Sätze kann man kürzer schreiben.

Beispiele: *Wenn* ich doch nur rechtzeitig am Bahnhof *gewesen wäre*!
Wäre ich doch rechtzeitig am Bahnhof *gewesen*!

Ich *wäre* froh, wenn ich schon zu Hause *wäre*.
Wäre ich doch schon zu Hause!

A16: *Schreibe die folgenden Wenn-Sätze kürzer und ohne* wenn.

1. Ich wäre froh, wenn ich das Geheimnis nicht verraten hätte.

   Hätte ich doch das Geheimnis nicht verraten!

2. Es wäre einfacher, wenn ich eine gute Ausrede wüsste!

3. Es wäre lustiger, wenn meine Freundin mitkäme!

4. Es wäre gut, wenn ich fliegen könnte!

5. Es wäre angenehm, wenn ich nicht allein gehen müsste.

6. Es wäre schön, wenn mir mein Vater 20 Euro gäbe.

ANWENDUNG DES KONJUNKTIVS II

17 Aus zwei mach eins

Es gibt noch andere Möglichkeiten, um Sätze kürzer zu schreiben. So kann man aus zwei Teilsätzen einen einzigen Satz machen.

Beispiele: Ich wäre ganz zufrieden, wenn ich mehr Taschengeld erhielte.
Mit mehr Taschengeld wäre ich ganz zufrieden.

Wenn ich an deiner Stelle wäre, würde ich die Wahrheit sagen.
An deiner Stelle würde ich die Wahrheit sagen.

A17: *Bilde aus den zwei Teilsätzen einen einzigen Satz.*

1. Wenn es regnet, findet das Fest in der Turnhalle statt.   Bei Regen(wetter) findet das Fest in der Turnhalle statt.

2. Wenn ich einen Spickzettel hätte, würde ich weniger Fehler machen.   Mit

3. Wenn es einen Stau gibt, kommt man nur langsam vorwärts.

4. Wenn ich etwas Glück hätte, könnte ich gewinnen.

5. Wenn ich das Zeichen gebe, müsst ihr losrennen.

6. Wenn wir keine guten Schuhe hätten, wäre die Wanderung zu gefährlich.

ANWENDUNG DES KONJUNKTIVS II

18 würde

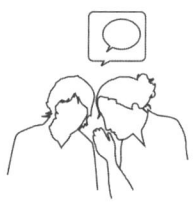

Wichtig ist, dass man beim Lesen oder Hören merkt, ob etwas wirklich oder nur gedacht ist. Viele Verben haben aber keine eigene Konjunktiv II-Form oder sie ist veraltet. In solchen Fällen kann man *würde* verwenden.

Beispiel: Wenn es morgen ~~regnete~~ → regnen würde, müssten wir zu Hause bleiben.

„regnete" ist formal mit der Vergangenheit (Präteritum) gleich; man merkt nicht, dass es ein Konjunktiv ist. Deshalb verwendet man die Grundform *regnen* mit dem Konjunktiv II *würde*.

A18: *Setze in den folgenden Sätzen den Konjunktiv II ein, wenn es möglich ist. Sonst verwendest du die Grundform des Verbs und die richtige Form von* würde.

1. Wenn ich nur (wissen) wüsste, warum er noch nicht hier ist!

2. Wenn ich ihn (sehen) _____, gäbe ich ihm die CD zurück.

3. Wenn du hier (sein) _____, hätten wir wirklich viel Spaß.

4. Wenn du (lernen) _____, könntest du die Aufgabe lösen.

5. Wenn Ines (kommen) _____, könnten wir zu viert spielen.

6. „Herr Hasler, (dürfen) _____ ich Sie um einen Gefallen bitten?"

7. Wenn ich frei (haben) _____, sähe ich mir den Film an.

8. Wenn ich (können) _____, würde ich dir gern helfen.

9. Wenn ihr (warten) _____, käme ich gern mit euch in den Zoo.

ANWENDUNG DES KONJUNKTIVS II

19 „würde, würde" würde ich nicht sagen

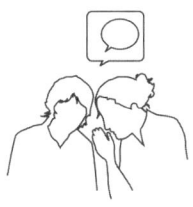

Sätze, in denen zweimal nacheinander *würde* vorkommt, sind nicht schön. Meistens kann man sie anders schreiben.

Beispiel: Wenn Eric besser suchen würde, würde er den Schlüssel finden.

Wenn Eric besser suchte, { *fände er den Schlüssel.* / *würde er den Schlüssel finden.* }

Suchte ist zwar formal mit der Vergangenheit (Präteritum) gleich. Streng genommen müsste man dann die würde-Form verwenden. Aber ein einziger Konjunktiv im Satz genügt, damit deutlich wird, dass die Bedingung nicht erfüllt ist.

A19: *Schreibe die Sätze so, dass nur ein einziges* würde *vorkommt.* Manchmal kann man auch *wenn* weglassen.

1. Wenn wir zusammenhalten würden, würden wir gewinnen. — Wenn wir zusammenhielten, würden wir gewinnen. / Würden wir zusammenhalten, gewännen wir.

2. Wenn ich ihr alles sagen würde, würde sie böse. _____

3. Wenn ich ihr eine Karte schicken würde, würde sie sich freuen. _____

4. Wenn man ihn fragen würde, würde er sicher lügen. _____

5. Wenn du ihn warnen würdest, würde er besser aufpassen. _____

6. Wenn sie aufpassen würde, würde sie weniger Fehler machen. _____

Marlis Erni-Fähndrich: Konjunktiv und indirekte Rede · 7.–10. Klasse · Best.-Nr. 677 · © Brigg Pädagogik Verlag GmbH, Augsburg

ANWENDUNG DES KONJUNKTIVS II

20 als ob / als wenn

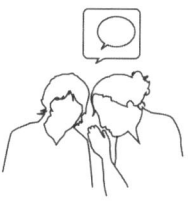

Mit dem Konjunktiv II kann man Vergleiche ausdrücken, die nicht zutreffen.

Beispiel:

Simon verschwendet Geld,
- *als ob* er Millionär *wäre*.
- *als wenn* er Millionär *wäre*.
- *als wäre* er Millionär.

In Wirklichkeit ist er kein Millionär; er tut nur so. Der Vergleich trifft nicht zu.

A20: *Ergänze die folgenden Sätze. Du musst nur eine Möglichkeit aufschreiben.*

1. Sie tut so, (uns nicht kennen) — als ob (als wenn) sie uns nicht kennen würde. / als würde sie uns nicht kennen.

2. Er benimmt sich, (Chef sein)

3. Edith stellt sich an, (nicht lesen können)

4. Sie schaut drein, (morgen Weltuntergang sein)

5. Ali tut, (von nichts wissen)

6. Dora geht, (80 Jahre alt sein)

7. Es ist so düster, (draußen regnen)

ANWENDUNG DES KONJUNKTIVS II

21 Zusammenfassung: Konjunktiv II

Mit dem Konjunktiv II kannst du vieles ausdrücken:

- **Bedingungen, die nicht erfüllt werden**

    Wenn du mir das früher gesagt hättest, wäre ich auch gekommen.

    Wenn ich die Antwort wüsste, würde ich sie dir sagen.

- **Wünsche, die nicht in Erfüllung gehen (oder gegangen sind)**

    Hätte ich doch die Türe abgeschlossen!

    Könnte ich doch fliegen!

- **Dinge, die du dir vorstellst oder die du nur denkst**

    Es wäre gut, wenn er sich mehr anstrengen würde.

    Sie hätte doch genug Geld, um eine Weltreise zu machen.

- **Sehr höfliche Bitten und Ratschläge**

    Würden Sie diesen Brief zur Post bringen?

    Du solltest dir die Hände waschen.

- **Vergleiche, die nicht zutreffen**

    Er sah aus, als ob (als wenn) er direkt aus der Kohlengrube käme (als käme er direkt aus der Kohlengrube).

    Sie schaut mich an, als ob (als wenn) ich an allem schuld wäre (als wäre ich an allem schuld).

Nicht alle Verben haben eine eindeutige Konjunktiv II-Form. Und viele Konjunktiv-Formen sind veraltet (verlöre, wüsche, büke, schwömme, klänge und viele andere).

In diesen Fällen verwendet man die **Würde**-Form:

    Wenn es endlich schneien würde, könnten wir Schlitten fahren.

    Wenn alle Gletscher schmelzen würden, gäbe es Überschwemmungen.

Sätze, in denen zweimal nacheinander „würde" vorkommt, wirken schwerfällig.

ANWENDUNG DES KONJUNKTIVS II

22 Was trifft zu?

A22: *Entscheide bei jedem Satz, was er ausdrückt:*
- *eine unerfüllte Bedingung,*
- *einen unerfüllten Wunsch oder etwas nur Gedachtes,*
- *einen Vergleich, der nicht zutrifft.*

Kreuze an.

	unerfüllte Bedingung	Wunsch / Gedachtes	Vergleich
1. Du gehst, als ob du betrunken wärst.	☐	☐	☐
2. Wenn sie aufgepasst hätte, wäre das nicht passiert.	☐	☐	☐
3. Wenn er sich beeilt hätte, säßen wir jetzt in der Bahn.	☐	☐	☐
4. Ich hätte ihm die Wahrheit sagen sollen.	☐	☐	☐
5. Sie jubelte, als hätte sie eine Million gewonnen.	☐	☐	☐
6. Käme sie doch nur bald zurück!	☐	☐	☐
7. Er fährt, als ob er allein auf der Straße wäre.	☐	☐	☐
8. Wenn ich alles gelesen hätte, wäre ich nicht reingefallen.	☐	☐	☐
9. Ich möchte wieder einmal tanzen gehen.	☐	☐	☐
10. Hätte ich ihn doch rechtzeitig gewarnt!	☐	☐	☐
11. Du spielst dich auf, als ob du ein Star wärst.	☐	☐	☐
12. Das gelbe T-Shirt hätte mir viel besser gefallen.	☐	☐	☐
13. Wenn du dich anstrengen würdest, könntest du es.	☐	☐	☐
14. Sie könnte ruhig ein bisschen netter sein.	☐	☐	☐
15. Wenn ich nicht so müde wäre, käme ich mit euch.	☐	☐	☐

ANWENDUNG DES KONJUNKTIVS II

23 Erfindung

A23: *Erfinde einen Gegenstand. Wie würde er aussehen? Wie würde er funktionieren? Wozu könnte man ihn brauchen?* Du kannst ihn auch zeichnen.

WIEDERGEBEN, WAS ANDERE GESAGT HABEN

24 Schweigen und sprechen

Stell dir vor, alle Leute müssten einen ganzen Tag lang schweigen. Niemand dürfte ein Wort sagen … Das wäre doch schrecklich!

Wie viel schöner ist es, miteinander zu plaudern und auch zuzuhören, was andere berichten.

Zugegeben, manchmal ist es besser, jemandem nicht alles zu erzählen und etwas für sich zu behalten. Aber normalerweise reden wir während des Tages mit den verschiedensten Leuten. Oder wir telefonieren.

Arlette hat den Bus verpasst und kann deshalb erst eine halbe Stunde später bei ihrer Freundin sein.

Am Telefon sagt Arlette zu ihrer Freundin: „Ich habe den Bus verpasst. Ich kann erst eine halbe Stunde später bei dir sein."

Das hat Arlette wörtlich gesagt. Sätze, die in Anführungszeichen stehen, hat jemand genau so gesagt. Man nennt dies **direkte Rede**. Man gibt wörtlich wieder, was jemand gesagt hat.

A24: *Schreibe die folgenden Sätze als direkte Rede. Achte auf die Anführungszeichen.*

1. Chris hat nicht gesehen, wer die Farbstifte gestohlen hat.

   Chris behauptet: „Ich habe

2. Martina weiß nicht, wo das Aufsatzheft ist.

   Martina sagt:

3. Kevin will wissen, wann der Film beginnt.

   Kevin fragt:

WIEDERGEBEN, WAS ANDERE GESAGT HABEN

25 Hast du schon gehört, …?

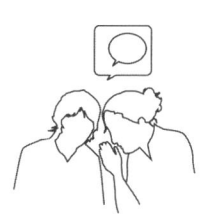

„Hast du schon gehört, dass Alma zu Patty gesagt hat, Lucy habe Cecilia erzählt, Laila habe Simona verraten, Sabine gehe neuerdings mit Lorenzo?"

Das ist ziemlich kompliziert, nicht wahr?

Und ob es wirklich stimmt, was all die Mädchen einander erzählt haben, das weiß man am Schluss nicht.
Vielleicht ist es ja auch nur ein Gerücht!

Jeden Tag kann man hören und lesen, was andere Leute gesagt haben:

Präsident Maier bestätigte, dass er bei den nächsten Wahlen nicht mehr antreten werde.
Nadia erzählte, sie gehe mit ihrem Freund auf das Pop-Konzert der Loudies.
Eric behauptete, er habe das ganze Buch gelesen.

Das haben die Personen nicht wörtlich gesagt. Jemand anders berichtet, was sie gesagt haben. Man nennt dies **indirekte Rede**. Man gibt nicht wörtlich wieder, was jemand gesagt hat.

A25: Direkte oder indirekte Rede? *Kreuze an.*

	Direkte Rede	Indirekte Rede
1. Aline erwidert: „Das glaubst du doch selbst nicht!"	☐	☐
2. Roger behauptet, er habe die Hausaufgaben selbst gemacht.	☐	☐
3. Nina fragt ihren Bruder, ob er auch zu Hause bleibe.	☐	☐
4. Die Fernsehsprecherin sagt: „Sehen Sie jetzt die Tagesschau."	☐	☐
5. Die Mutter fragt: „Wer von euch möchte ein Stück Torte?"	☐	☐
6. Andi ruft gereizt, das habe er uns schon oft erklärt.	☐	☐

WIEDERGEBEN, WAS ANDERE GESAGT HABEN

26 Unterschiede feststellen

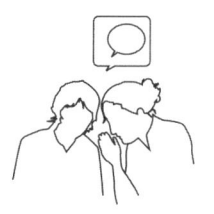

Die **direkte** und die **indirekte Rede** sehen unterschiedlich aus.

A26: Was unterscheidet die folgenden Satzpaare (a und b) voneinander?
Male im zweiten Satz (b) die Unterschiede farbig an.

1. a Der Lehrer sagt: „Morgen fällt die Turnstunde aus."

   b Der Lehrer sagt, morgen falle die Turnstunde aus.

2. a Bob ruft begeistert: „Über dem Wald ist ein Ufo!"

   b Bob ruft begeistert, über dem Wald sei ein Ufo.

3. a Lucie fragt enttäuscht: „Warum darf ich nicht mitkommen?"

   b Lucie fragt enttäuscht, warum sie nicht mitkommen dürfe.

4. a Thomas sagt: „Wenn ich Geld hätte, würde ich dich einladen."

   b Thomas sagt, wenn er Geld hätte, würde er mich einladen.

5. a Alice flüstert ängstlich: „Im Keller schleicht ein Einbrecher umher."

   b Alice flüstert ängstlich, im Keller schleiche ein Einbrecher umher.

6. a Tim sagte mir gestern: „Meine Freundin hat mich enttäuscht."

   b Tim sagte mir gestern, seine Freundin habe ihn enttäuscht.

WIEDERGEBEN, WAS ANDERE GESAGT HABEN

27 Fragen ohne Fragezeichen

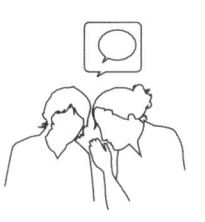

In der indirekten Rede gibt es keine Fragezeichen und auch keine Ausrufezeichen.

A27: *Setze alle Satzzeichen ein.*

	Direkte Rede	Indirekte Rede
1.	Ingmar hat mich gefragt: „Kommst du morgen auch mit zu uns?"	Ingmar hat mich gefragt, ob ich morgen auch mit zu ihnen komme.
2.	Sie fragte ihn höflich Wohin gehst du denn so früh	Sie fragte ihn höflich wohin er denn so früh gehe
3.	Er erwidert zornig Dir glaube ich sowieso kein Wort	Er erwidert zornig mir glaube er sowieso kein Wort
4.	Die Touristin erkundigt sich Wie komme ich zum Hauptbahnhof	Die Touristin erkundigt sich wie sie zum Hauptbahnhof komme
5.	Der Mann bedauert Ich weiß die Antwort leider auch nicht	Der Mann bedauert er wisse die Antwort leider auch nicht
6.	Herr Wolf schreit bitterböse Verschwindet sofort	Herr Wolf schreit bitterböse wir sollten sofort verschwinden
7.	Die Lehrerin fragt Warum kommst du zu spät	Die Lehrerin fragt warum ich zu spät komme
8.	Die Telefonistin erklärt Heute schließt das Büro um 16 Uhr	Die Telefonistin erklärt heute schließe das Büro um 16 Uhr
9.	Albin jubelt Ich habe den ersten Preis gewonnen	Albin jubelt er habe den ersten Preis gewonnen
10.	Frau Groß erzählt Meine Tochter besucht ein Zwischenjahr	Frau Groß erzählt ihre Tochter besuche ein Zwischenjahr
11.	Manuela sagt abweisend Das esse ich nicht	Manuela sagt abweisend das esse sie nicht
12.	Er fragt unsicher Sind wir uns nicht schon einmal begegnet	Er fragt unsicher ob wir uns nicht schon einmal begegnet seien

WIEDERGEBEN, WAS ANDERE GESAGT HABEN

28 Überraschung

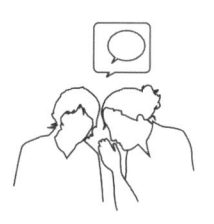

Geschichten oder Aufsätze werden spannender, wenn man zwischen direkter und indirekter Rede abwechselt.

A28: *Lege zwei Farbstifte bereit. Mit der einen Farbe kennzeichnest du die direkte Rede, mit der anderen die indirekte Rede. Die erzählenden Sätze brauchst du nicht anzumalen.*

Der 1. Preis

Mike, Jonas und Tomy schlendern gelangweilt durch die Gegend und wissen nicht so recht, was sie machen sollen. Sie legen sich ins Gras und diskutieren darüber, was sie unternehmen könnten.

Plötzlich blitzt ganz in der Nähe etwas auf. Mike sieht es zuerst. „Da, schaut, da glänzt etwas! Was ist das wohl?", ruft er aufgeregt.

Tomy springt auf und holt den rätselhaften Gegenstand. „Das darf doch nicht wahr sein! Eine Goldmedaille! Ob die echt ist?"

Mike sagt zu seinen Kameraden, sie könnten die Medaille auf der Bank verkaufen und das Geld unter sich aufteilen.

Jonas schaut sich etwas genauer um und findet einen offenen Briefumschlag. Darin steckt eine schön gestaltete Karte. Jonas liest vor: „Sportschützenverein Zwissikon. 1. Preis für Anatol Kugler, Zwissikon."

„Was sollen wir damit?", fragt Tomy. Jonas meint, sie könnten herausfinden, wo Anatol Kugler wohnt und ihm die Medaille bringen. Vielleicht erhielten sie dann einen Finderlohn.

Gesagt – getan. Die drei Jungen eilen ins Dorf zurück, suchen im Telefonbuch die Adresse, und schon läuten sie an seiner Wohnungstür. Erwartungsvoll geben sie ihm den Briefumschlag und sagen, das hätten sie gefunden.

Anatol Kugler blickt erstaunt von einem zum andern und sagt, das freue ihn außerordentlich, es sei doch das erste Mal gewesen, dass er den ersten Preis gewonnen habe. Er zückt sein Portemonnaie und gibt jedem fünf Euro. „Da", sagt er, „das ist für euch. Die Goldmedaille ist übrigens nur aus Trompetengold und nicht viel wert. Aber freuen tut sie mich trotzdem. Habt tausend Dank!"

WIEDERGEBEN, WAS ANDERE GESAGT HABEN

29 Dreierlei

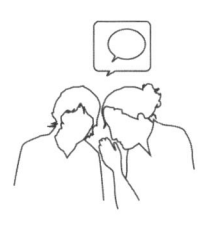

A29: Um welche Art des Satzes handelt es sich? *Kreuze an.*

	Erzählsatz	Direkte Rede	Indirekte Rede
1. Schimpansen sind die nächsten Verwandten des Menschen.	☐	☐	☐
2. „Das habe ich dir schon oft gezeigt!", ärgert sich der Mann.	☐	☐	☐
3. Axel hat erzählt, im Zoo sei gestern ein Krokodil entwichen.	☐	☐	☐
4. Der Reiseführer erklärte, in Venedig gebe es 400 Brücken.	☐	☐	☐
5. „Hast du Angst vor Gespenstern?", fragt Tina ihre Freundin.	☐	☐	☐
6. Sie trainiere jeden Tag mehrere Stunden, sagte die Siegerin.	☐	☐	☐
7. Der Hals der Giraffe kann bis zu drei Meter lang werden.	☐	☐	☐
8. Warum sie gelogen habe, wollte der Lehrer wissen.	☐	☐	☐
9. „Vorsicht, die Barriere ist geschlossen!", ruft der Fahrlehrer.	☐	☐	☐
10. Sie wünsche sich eine modische Halskette, schwärmt Arlette.	☐	☐	☐
11. „Was wünschen Sie?", fragte der Kellner höflich.	☐	☐	☐
12. Es sei noch einmal alles gut gegangen, meint Dieter erleichtert.	☐	☐	☐
13. Er habe leider den Namen vergessen, bedauert Herr Meier.	☐	☐	☐
14. „Ich reise morgen früh ab", erklärt der Feriengast.	☐	☐	☐
15. Mit Humor geht vieles leichter.	☐	☐	☐

DER KONJUNKTIV I

30 Der Konjunktiv I

Du kennst zwei Arten, wie man Aussagen oder Fragen anderer Leute weitererzählen kann:

- Direkte Rede: Der Nachrichtensprecher sagt: „Heute Nacht **muss** mit starken Niederschlägen gerechnet werden."

- Indirekte Rede: Der Nachrichtensprecher sagt, heute Nacht **müsse** mit starken Niederschlägen gerechnet werden.

  Oder:

  Der Nachrichtensprecher sagt, **dass** heute Nacht mit starken Niederschlägen gerechnet werden **müsse**.

Das Verb *müsse* steht im **Konjunktiv I**.

Mit dem Konjunktiv I gibt man die indirekte Rede wieder.

Mit dem Konjunktiv I kann man also wiedergeben, was andere gesagt haben.

A30: *Schreibe die folgenden Sätze in indirekter Rede.*

1. Frau Kalt sagt zu Herrn Warm: „Morgen gibt es sicher Regen."

   Frau Kalt sagt zu Herrn Warm, _____

   _____

2. Pepe berichtet: „Tobi ist mit dem Hund spazieren gegangen."

   Pepe _____

   _____

3. In der Zeitung steht: „In Japan hat es ein Erdbeben gegeben."

   In der Zeitung _____

   _____

DER KONJUNKTIV I

31 Der kleine Eisbär

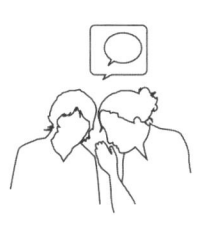

A31: *Schreibe die folgende Geschichte in indirekter Rede.*

Bettina erzählte ihrer Freundin: „Im Berliner Zoo ist ein Eisbärbaby von seiner Mutter verstoßen worden. Ein Pfleger hat es zu sich genommen und mit einem Milchfläschchen aufgezogen.
Ich habe ein Foto gesehen. Der kleine Eisbär ist so niedlich. Er tapst herum, schnuppert überall und kugelt sich am Boden. Filmteams aus aller Welt sind angereist, um das drollige Eisbärmännchen zu filmen. Es heißt Knut."

Bettina erzählte ihrer Freundin

DER KONJUNKTIV I

32 Indirekt gesagt

Mirjam wartet an der Bushaltestelle, wie viele andere Leute auch. Sie schnappt Bruchstücke von Sätzen auf, ohne die ganzen Zusammenhänge zu verstehen.

Später erzählt sie ihrer Freundin: „Du hättest das Durcheinander an Satzfetzen hören sollen. Das war richtig lustig. Daraus könnte man vielleicht eine komische Geschichte schreiben."

A32:   *Schreibe die Verben im Konjunktiv I auf.*

1. Ein Mann beklagt, das (haben)   habe   er nicht wissen können.

2. Eine Frau betont, das (sein)   _____   die neue Sommermode.

3. … er (verlieren)   _____   bei diesem Spiel immer.

4. …mit etwas Glück (gelingen)   _____   das Vorhaben sicher.

5. … Martina (kommen)   _____   sicher wieder zu spät.

6. … er (sagen)   _____   nichts mehr.

7. … das (kennen)   _____   man doch schon lange.

8. … den Film (müssen)   _____   man gesehen haben.

9. … das (können)   _____   ja jeder behaupten.

10. … er (sollen)   _____   doch endlich den Mund halten.

DER KONJUNKTIV I

33 Nicht für alle

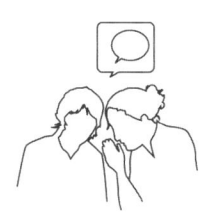

Du hast bisher schon viele Verben im Konjunktiv I geschrieben. Ist dir aufgefallen, dass sie immer in der dritten Person Einzahl standen? Der Grund dafür ist einfach:

Es gibt nicht für alle Personen eine eigene Form des Konjunktivs I.

Schau dir die Tabelle an:

	sehen		messen		wollen		mögen	
	Indikativ Präsens	Konjunktiv I Präsens	Indikativ Präsens	Konjunktiv I Präsens	Indikativ Präsens	Konjunktiv I Präsens	Indikativ Präsens	Konjunktiv I Präsens
ich	sehe	sehe	messe	messe	will	**wolle**	mag	**möge**
du	siehst	**sehest**	misst	**messest**	willst	**wollest**	magst	**mögest**
er/sie/es	sieht	**sehe**	misst	**messe**	will	**wolle**	mag	**möge**
wir	sehen	sehen	messen	messen	wollen	wollen	mögen	mögen
ihr	seht	**sehet**	messt	**messet**	wollt	**wollet**	mögt	**möget**
sie	sehen	sehen	messen	messen	wollen	wollen	mögen	mögen

A33: Was könnte es bedeuten, dass einzelne Felder der Tabelle grau unterlegt sind?
Kreuze alle Aussagen an, die zutreffen.

☐ 1. Das sind Verbformen, die man nie braucht.

☐ 2. Diese Verbformen unterscheiden sich von der normalen Gegenwartsform (vom Indikativ).

☐ 3. Diese Verbformen braucht man für die indirekte Rede.

☐ 4. Diese Verbformen braucht man auch für die Vergangenheit.

☐ 5. Das sind Verben im Konjunktiv I.

DER KONJUNKTIV I

34 Was tun?

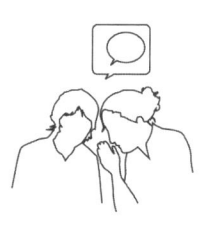

Es ist natürlich wichtig, dass man merkt, ob du selbst etwas sagst, oder ob du erzählst, was andere gesagt haben.

A34.1: Was könnte man tun, um Konjunktiv I-Formen zu ersetzen, die nicht eindeutig sind? *Kreuze die zutreffende Antwort an.*

- [ ] 1. Dann muss man immer die direkte Rede benutzen.
- [ ] 2. Man könnte den Konjunktiv II nehmen.
- [ ] 3. Für dieses Problem gibt es keine Lösung.
- [ ] 4. Man könnte den nicht eindeutigen Konjunktiv I in Anführungszeichen setzen.

A34.2: *Schreibe in den folgenden Sätzen das Verb so, dass man merkt, dass es indirekte Rede ist.*

1. Ich habe dir gesagt, ich (können) _____ am Samstag nicht kommen.

2. Du hast gesagt, du (gehen) _____ auf eine Geburtstagsparty.

3. Er meint, du (wissen) _____ das doch schon lange.

4. Sie warf mir vor, ich (tun) _____ ihm leider Unrecht.

5. Er schlägt vor, wir (können) _____ zu Fuß zum Bahnhof gehen.

6. Ich sagte den Kindern, sie (sollen) _____ gut auf sich aufpassen.

7. Ruth sagt erfreut, morgen (treffen) _____ sie ihren ehemaligen Freund.

8. Carol sagte zu Erika, sie (sehen) _____ wirklich gut aus.

DER KONJUNKTIV I

35 Ganz einfach

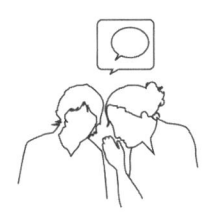

Wenn sich der Konjunktiv I nicht von der normalen Gegenwartsform unterscheidet, nimmt man für die indirekte Rede den Konjunktiv II.

So kannst du feststellen, ob sich der Konjunktiv I von der normalen Gegenwartsform unterscheidet:

1. Den **Konjunktiv I** bilden, indem du die Endungen *-e, -est, -e, -en, -et, -en* an die Stammform anhängst
2. Mit der normalen **Gegenwartsform** (Indikativ) vergleichen

A35.1: *Das probierst du am besten gleich aus (damit du nicht so viel schreiben musst, sind einige Formen bereits eingetragen).*

Stamm-form		ich	du	er / sie / es	wir	ihr	sie
		-e	-est	-e	-en	-et	-en
müss~~en~~	1.	müss**e**	müss**est**	müss**e**	~~müssen~~	müss**et**	~~müssen~~
	2.	muss	musst	muss	~~müssen~~	müsst	~~müssen~~
lass~~en~~	1.	lass	lass	lass	lass	lass	lass
	2.	lasse					
wiss~~en~~	1.	wiss	wiss	wiss	wiss	wiss	wiss
	2.	weiß					
geh~~en~~	1.	geh	geh	geh	geh	geh	geh
	2.						
könn~~en~~	1.	könn	könn	könn	könn	könn	könn
	2.						

A35.2: *Streiche jetzt alle Formen durch, die in den beiden Zeilen 1. (= Konjunktiv I) und 2. (= normale Gegenwartsform / Indikativ) gleich sind.*

DER KONJUNKTIV I

36 Dasselbe nochmals

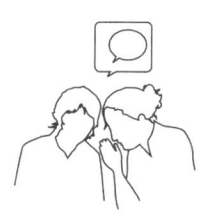

Unten steht dieselbe Tabelle wie auf der letzten Seite, aber mit anderen Verben. Zudem ist die Tabelle bereits ausgefüllt. Du siehst nochmals, wie einfach es ist, den Konjunktiv I zu bilden.

1. Konjunktiv I

2. Normale Gegenwartsform (Indikativ)

3. Gleiche Formen sind durchgestrichen

Stamm-form		ich	du	er / sie / es	wir	ihr	sie
		-e	-est	-e	-en	-et	-en
dürfen	1.	dürfe	dürfest	dürfe	dürfen	dürfet	dürfen
	2.	darf	darfst	darf	dürfen	dürft	dürfen
rufen	1.	rufe	rufest	rufe	rufen	rufet	rufen
	2.	rufe	rufst	ruft	rufen	ruft	rufen
tragen	1.	trage	tragest	trage	tragen	traget	tragen
	2.	trage	trägst	trägt	tragen	tragt	tragen
stehen	1.	stehe	stehest	stehe	stehen	stehet	stehen
	2.	stehe	stehst	steht	stehen	steht	stehen
sollen	1.	solle	sollest	solle	sollen	sollet	sollen
	2.	soll	sollst	soll	sollen	sollt	sollen

A36: Für welche Personen sind Gegenwart (Indikativ) und Konjunktiv I immer gleich?

Für die _____

Bei welcher Person muss man besonders aufpassen (mal sind die Formen gleich, mal unterschiedlich)?

DER KONJUNKTIV I

37 Das erzählt Carmen über sich

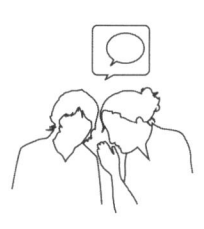

Nehmen wir an, Carmen habe in einer Gruppe allerlei über sich erzählt. Am Abend erzählt sie zu Hause, was sie alles gesagt hat, und zwar in indirekter Rede.

A37: *Schreibe die Verben in indirekter Rede. Du weißt ja: Wenn der Konjunktiv I gleich ist wie die normale Gegenwartsform, nimmst du den Konjunktiv II.*

Heute Nachmittag habe ich einigen Kindern erzählt,

1. ich (sein) **sei** das zweitälteste Kind,
2. ich (habe) _____ einen älteren Bruder und eine kleine Schwester,
3. sie (können) _____ noch nicht sprechen,
4. sie (sein) _____ erst 8 Monate alt.
5. Ich (dürfen) _____ manchmal mit dem Bruder ausgehen,
6. ich (kommen) _____ sehr gut mit ihm aus.
7. Ich (gehen) _____ gern schwimmen und Rad fahren,
8. ich (mögen) _____ Kartoffelbrei mit viel Sauce und Salat,
9. und ich (wollen) _____ später einmal Verkäuferin in einem Blumengeschäft werden.

DER KONJUNKTIV I

38 Jetzt rede ich!

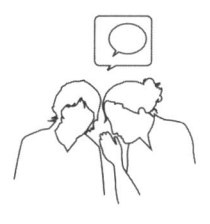

Was würdest du über dich erzählen? Wer bist du? Was magst du? Was hast du nicht gern? Und so weiter.

A38.1: *Schreibe einige Erzählsätze über dich auf.*

_____

_____

_____

_____

_____

A38.2: *Schreibe diese Sätze jetzt in indirekter Rede auf.*

Kürzlich erzählte ich einer neuen Mitschülerin / einem neuen Mitschüler,

_____

_____

_____

_____

_____

DER KONJUNKTIV I

39 Der seltsame Einbrecher

A39.1: *Lies die folgende Zeitungsnotiz:*

Genießerischer Einbrecher	Dann holte er sich etwas aus dem Kühlschrank und setzte sich vor den Fernseher. Später zog er den Pyjama des Hausherrn an und legte sich ins Bett.
Kürzlich hat die Polizei einen seltsamen Einbrecher festgenommen, dem es nicht um das Stehlen gegangen ist!	Am andern Morgen faltete er die benutzten Kleider sorgfältig zusammen, zog seine alten Klamotten an und ging ganz normal zur Arbeit.
Er brach in Luxusvillen ein, nahm ein Bad oder eine Dusche, durchsuchte die Kleiderschränke der Opfer und zog ihre Kleider an.	

A39.2: *Male im obigen Text alle Verben mit Farbe an.*

A39.3: *Erzähle den Text jetzt in indirekter Rede (du musst nur noch die Verben einsetzen).*

Kürzlich _____ die Polizei einen seltsamen Einbrecher festgenommen,

dem es nicht um das Stehlen gegangen _____ .

Er _____ in Luxusvillen _____ , ein

Bad oder eine Dusche _____ , die Kleiderschränke der

Opfer _____ und ihre Kleider _____ .

Dann _____ er sich etwas aus dem Kühlschrank

und sich vor den Fernseher _____ . Später

_____ er den Pyjama des Hausherrn _____ und sich ins Bett

_____ .

Am andern Morgen _____ er die benutzten Kleider sorgfältig

_____ , seine alten Klamotten

_____ und _____ ganz normal zur Arbeit

_____ .

Marlis Erni-Fähndrich: Konjunktiv und indirekte Rede · 7.–10. Klasse · Best.-Nr. 677 · © Brigg Pädagogik Verlag GmbH, Augsburg

VERWANDLUNGEN

40 Erzähl es weiter …

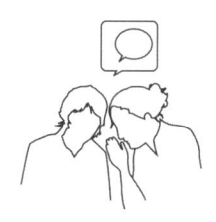

Lena sagt zu Marina:

> Ich habe mit meinem Aufsatz einen Preis gewonnen.

Marina erzählt es weiter:

> Lena hat gesagt, sie habe mit ihrem Aufsatz einen Preis gewonnen.

Lena erzählt von sich: **ich**.

Marina erzählt von Lena: **sie**.

Wenn du dir solche Situationen vorstellst, ist es einfach, die richtigen Pronomen zu finden. Das kannst du gleich ausprobieren.

A40: *Setze in der Spalte „Indirekte Rede" die richtigen Pronomen ein.*

Direkte Rede

1. Sybille sagt: „Ich spiele im Theater eine Prinzessin."

2. Bruno erzählt: „Ich habe eine tolle Lehrstelle gefunden."

3. Leila berichtet: „Ich lerne Klavier spielen."

4. John erklärt: „Ich besuche mit meinem Freund einen Karate-Kurs."

Indirekte Rede

1. Sybille sagt, _____ spiele im Theater eine Prinzessin.

2. Bruno erzählt, _____ habe eine tolle Lehrstelle gefunden.

3. Leila berichtet, _____ lerne Klavier spielen.

4. John erklärt, _____ besuche mit _____ Freund einen Karate-Kurs.

VERWANDLUNGEN

41 Wer ist „ich"?

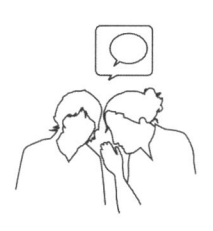

ICH ist nicht immer dasselbe ICH!

Direkte Rede: Ives teilt Marco mit:	**Indirekte Rede:** Marco berichtet:
„**Ich** bin bei Thomi. Kommst du auch?"	Ives sagt, er sei bei Thomi und fragt, ob **ich** auch komme.
Hier ist mit „ich" Ives gemeint; er spricht von sich selbst.	Hier ist mit „ich" Marco gemeint; er spricht von sich selbst.

Wenn man direkte Rede in indirekte umformt, muss man nicht nur die Verbform ändern, sondern auch die Pronomen.

A41.1: *Male in der Spalte „Direkte Rede" die Pronomen farbig an.*

Direkte Rede	**Indirekte Rede**
1. Sabine jammert: „**Ich** habe **meine** neue CD verloren."	Sabine jammert, **sie** habe **ihre** neue CD verloren.
2. Patrik behauptet: „Ich bin der Größte in meiner Klasse."	Patrik behauptet, _____ sei der Größte in _____ Klasse.
3. Mary strahlt: „Ich darf mit meiner Freundin ausgehen."	Mary strahlt, _____ dürfe mit _____ Freundin ausgehen.
4. Victor fragt Judith: „Kommst du mit mir in die Disco?"	Victor fragt Judith, ob _____ mit _____ in die Disco komme.
5. Giorgio frohlockt: „Meine Katze hat Junge bekommen."	Giorgio frohlockt, _____ Katze habe Junge bekommen.
6. Ursina fragt Oskar: „Kannst du mir dein Moped leihen?"	Ursina fragt Oskar, ob _____ _____ _____ Moped leihen könne.

A41.2: *Schreibe jetzt in der Spalte „Indirekte Rede" die Pronomen in der richtigen Form.*

VERWANDLUNGEN

42 Wer ist was?

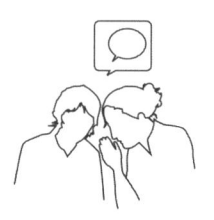

---

1. Sabrina: „Ich muss dir leider sagen, dass ich deinen Freund mit Patricia gesehen habe."

2. Teresa: „Das darf doch nicht wahr sein!"

3. Sabrina: „Ich habe Teresa gesagt, dass ich dich mit ihrem Freund gesehen habe."

4. Patricia: „Dann muss ich es ihr ja nicht mehr sagen!"

A42: *Schreibe die Namen der Mädchen unter die fett gedruckten Pronomen.*

1. Sabrina sagt zu Teresa: „**Ich** muss **dir** leider sagen, dass

           Sabrina

   _____

   ich   **deinen**   Freund mit Patricia gesehen habe."

   _____

3. Sabrina sagt zu Patricia: „**Ich** habe Teresa gesagt, dass **ich**

   _____

   dich   mit   **ihrem**   Freund gesehen habe.

   _____

4. Patricia antwortet: „Dann muss **ich** es **ihr** ja nicht mehr sagen."

   _____

VERWANDLUNGEN

43 Bald wissen es alle …

Schnell erzählen einander die Mädchen in der Klasse, dass Teresas Freund neuerdings mit Patricia gehe.

A43: *Schreibe die vier Sätze in indirekter Rede auf.* Damit du nicht so viel blättern musst, sind die wörtlichen Sätze nochmals aufgeschrieben. Da es hier keine Sprechblasen mehr gibt, muss man auch aufschreiben, wer mit wem spricht.

1. Sabrina sagt zu Teresa: „Ich muss dir leider sagen, dass ich deinen Freund mit Patricia gesehen habe."

   Sabrina sagt zu Teresa, _____

2. Teresa antwortet: „Das darf doch nicht wahr sein!"

   Teresa _____

3. Sabrina sagt zu Patricia: „Ich habe Teresa gesagt, dass ich dich mit ihrem Freund gesehen habe."

   _____

4. Patricia antwortet: „Dann muss ich es ihr ja nicht mehr sagen!"

   _____

VERWANDLUNGEN

44 Wer ist „sie"?

Die letzten Aufgaben haben dir gezeigt, dass man Nomen nicht einfach durch Pronomen ersetzen darf. Sonst weiß man nicht, wer zu wem über wen spricht.

Beispiel: Satz 3 aus A43:

Sabrina sagt zu Patricia, sie habe Teresa gesagt, dass sie sie mit ihrem Freund gesehen habe.
Hier ist nicht klar, wer wen mit wessen Freund gesehen hat.

So ist es klarer:
Sabrina sagt zu Patricia, sie habe Teresa gesagt, dass sie Patricia mit Teresas Freund gesehen habe.

Wenn du Sätze mit mehreren Pronomen schreibst, hilft nur eines: Überlegen!
Die Person, die den Text liest, muss sich vorstellen können, wer mit wem spricht.

A44: Ist das Pronomen in den folgenden Sätzen eindeutig?
Wenn ja, setzt du es ein. Wenn nein, schreibst du das Nomen auf.

1. Diana erzählt: „Elvira hat Carla eine CD geschenkt."

   Diana erzählt, _____ habe _____ eine CD geschenkt.

2. Tonia sagt zu Priska: „Ich habe Ingrid nicht angelogen."

   Tonia sagt zu Priska, _____ habe _____ nicht angelogen.

3. Melanie schreibt Luzia: „Komm doch zu mir!"

   Melanie schreibt Luzia, _____ solle doch zu _____ kommen.

4. Die Tante sagte mir: „Komm doch zu mir!"

   Die Tante sagte mir, _____ solle doch zu _____ kommen.

5. Anna behauptet: „Ich habe dir gesagt, dass ich kein Geld habe."

   Anna behauptet, _____ habe _____ gesagt, dass _____ kein

   Geld habe.

VERWANDLUNGEN

45 Feriengrüße

Marcel hat von seinem Onkel Felipe eine Ferienkarte erhalten:

> **Lieber Marcel**
> Du kannst dir gar nicht vorstellen, wie schön es hier ist. Seit Tagen scheint die Sonne. Am Samstag haben wir eine Schifffahrt gemacht. Ich zeige dir dann Fotos, wenn ich wieder bei euch bin.
>
> Herzliche Feriengrüße
> Onkel Felipe

> Marcel Bigler
> Blauweg 11
> 8004 Zürich

Marcel freut sich über die Grüße und erzählt seinen Eltern, was Onkel Felipe geschrieben hat.

A45: *Schreibe die Kartengrüße in indirekter Rede auf.*

Onkel Felipe hat mir geschrieben, _____

_____

_____

_____

_____

_____

_____

_____

Onkel Felipe hat geschrieben: „… wie schön es hier ist."
Kontrolliere in deinem Text, wie du das wiedergegeben hast.

VERWANDLUNGEN

46 Hier und dort

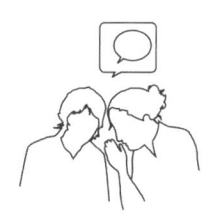

Onkel Felipe ist in den Ferien im Ausland. Auf der Karte schrieb er, dass es „hier" schön sei.

Wenn du seinen Text in indirekter Rede wiedergibst, musst du „hier" durch „dort" ersetzen: Onkel Felipe hat geschrieben, ich könne mir gar nicht vorstellen, wie schön es *dort* sei.

Das kannst du dir ja gut vorstellen: Der Ort, von dem aus jemand Feriengrüße schreibt, ist ja nicht hier, sondern eben *dort*.

A46: *Schreibe die direkte Rede als indirekte auf.*

1. „Hier in London ist es wunderschön." **Dort in London sei es wunderschön.**

2. „Hier im Süden ist herrliches Wetter."

3. „Dort bei euch wird es wohl regnen."

4. „Du solltest uns hier einmal besuchen."

5. „Ich werde euch bald in Bern besuchen."

6. „Die Reise quer durch Neuseeland ist ein Traum."

VERWANDLUNGEN

47 Zusammenfassung: Indirekte Rede

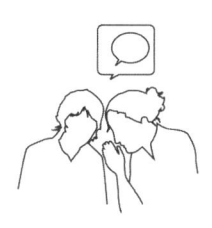

Du weißt, wie du die direkte Rede in die indirekte umformen kannst.

Hauptregel: Es muss eindeutig sein, dass man wiedergibt, was eine andere Person gesagt oder geschrieben hat.

- **Das Verb im Konjunktiv I schreiben**

    Er schrieb: „Ich bin in Mailand." → Er schrieb, er sei in Mailand.

    Sie sagt: „Ich muss leider verreisen." → Sie sagt, sie müsse leider verreisen.

- **Die Pronomen umformen**

    Alda behauptet: „Ich weiss es genau." → Alda behauptet, sie wisse es genau.

    Pedro sagt: „Ich komme bald zu euch." → Pedro sagt, er komme bald zu uns.

    Hubers schreiben: „Unsere Reise ist herrlich." → Hubers schreiben, ihre Reise sei herrlich.

- **Ortsangaben anpassen**

    Sie schreibt: „Mir gefällt es hier." → Sie schreibt, es gefalle ihr dort.

    Er fragt: „Wie geht es euch dort in Bern?" → Er fragt, wie es uns hier in Bern gehe.

- **Satzzeichen ändern**

    Milan meint: „Das kannst du nicht beweisen!" → Milan meint, das könne ich nicht beweisen.

    Sie fragt: „Kommst du mit?" → Sie fragt, ob ich mitkomme.

Nicht alle Verben haben eine eindeutige Konjunktiv I-Form.
In diesen Fällen verwendet man den Konjunktiv II:

    Er hat geschrieben, Kellers ~~kommen~~ → kämen leider nicht.

    Sie betonen, dass sie viel Verantwortung ~~tragen~~ → trügen.

Wenn auch der Konjunktiv II nicht eindeutig ist, nimmt man die würde-Form:

    Wir haben Alders mitgeteilt, dass wir es ~~begrüßen~~ → ~~begrüßten~~ → begrüßen würden, wenn sie nächstes Mal pünktlich kämen.

VERWANDLUNGEN

48 Die Wanderung

Nehmen wir an, ihr unternehmt eine Wanderung. Ihr seid euch aber nicht sicher, welches der richtige Weg ist. Jemand erklärt euch anhand einer Karte, wie ihr am besten weitergeht.

Die junge Frau sagt euch: „Es ist am besten, wenn ihr geradeaus bis zur Tankstelle geht. Dort biegt ihr nach rechts ab und wandert am Bach entlang bis zur Brücke. Diese müsst ihr überqueren und dann geradeaus gehen. Nach etwa fünf Minuten kommt ihr zu einer großen Schreinerei. Dort fragt ihr am besten wieder, damit ihr euch nicht verlauft."

Ihr verabschiedet euch höflich und wandert weiter. Unterwegs wiederholt ihr, was die Frau euch gesagt hat.

A48: *Schreibe die obige Wegbeschreibung in indirekter Rede. Achte auch auf die richtige Satzstellung. Manchmal gibt es mehr als eine Möglichkeit.*

Die junge Frau hat uns gesagt,

VERWANDLUNGEN

49 Durch die Blume gesagt

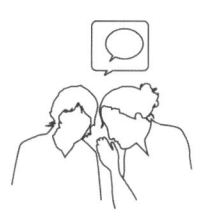

Jemandem „etwas durch die Blume sagen" heißt, dass man jemanden freundlich und vorsichtig kritisiert. Man sagt unangenehme Dinge nicht so direkt.

Verschiedenes stört euch an Pedro. Ihr diskutiert darüber, wie ihr ihn darauf aufmerksam machen könnt und wie ihr es sagen sollt.

Auf einer Liste notiert ihr verschiedene Punkte, die euch an Pedro stören:

1. Er ist unpünktlich.
2. Er redet immer dazwischen.
3. Er ist unzuverlässig: Wenn er etwas verspricht, hält er sich nicht daran.
4. Er plaudert Geheimnisse aus.
5. Er gibt Gegenstände, die er ausleiht, nicht zurück.
6. Er hat immer eine Ausrede.

A49: *Notiere in indirekter Rede, wie du Pedro diese Punkte sagen würdest.*

Ich würde Pedro sagen, es störe mich,

1. _____
2. _____
3. _____
4. _____
5. _____
6. _____

VERWANDLUNGEN

50 Eins oder zwei?

A50: *Lege zwei Farbstifte bereit.*
Mit einer Farbe malst du alle Verben an, die im Konjunktiv I stehen, und mit der anderen alle Verben im Konjunktiv II.

In der Zeitung stand vor einiger Zeit, …

◊ … ein 13-jähriger Junge habe ein großes Vermögen ergaunert. Er habe via Internet Artikel verkauft, die es gar nicht gebe. Viele Leute hätten die Waren bestellt und bezahlt. So seien mehrere hunderttausend Franken zusammengekommen.

◊ … auf einer Achterbahn in Kalifornien dürfe ab sofort niemand mehr schreien. Anwohner hätten sich über den dauernden Lärm beklagt.

◊ … in Amerika finde ein Wettbewerb für die stinkigsten Schuhe statt. Der erste Preis sei einer jungen Frau zugesprochen worden.

◊ … in Hongkong könnten Jugendliche, die ein Konzert besuchen möchten, ihre Eltern „abgeben". Diese dürften ihre Lieblingsmusik auf CD hören, und man serviere ihnen ein Gratisgetränk.

◊ … in einem chinesischen Restaurant bekämen die Gäste eine Strafe, wenn sie nicht alles aufäßen. Sie dürften die Reste auch mitnehmen.

◊ … in Rom müssten die Kutschpferde ab sofort Windeln tragen. Dadurch leiste man einen Beitrag für saubere Straßen.

◊ … Ann Smith hätte schon immer gern einen Fallschirmsprung erlebt. Diesen Wunsch habe sie sich zum 90. Geburtstag erfüllt. Es sei alles gut gegangen; sie habe während des Flugs aber das Gebiss und das Hörgerät verloren.

DIE PARTY

L2 Wer kommt?

Schon bald treffen Antworten ein – als Karte, als E-Mail oder als SMS. Simon stellt sie in einer Liste zusammen.

A2.1: Wer kommt? Wer nicht? Und wer ist noch unsicher? *Kreuze an.*

	Antworten:		kommt	kommt nicht	unsicher
1. Alda:	Komme gern.		X		
2. Bea:	Habe leider Training.			X	
3. Chris:	Ich muss es mir noch überlegen.				X
4. Dario:	Ich käme gern, wenn ich Zeit hätte.			X	
5. Ethel:	Ich komme gern, wenn ich Zeit habe.				X
6. Ferenc:	Super! Bin dabei!		X		
7. Gilda:	Toll!		X		
8. Harry:	Ich kann erst eine Stunde später kommen.		X		
~~9. Indrani:~~	~~Ich komme nur, wenn Miguel auch kommt.~~				X
10. Kevin:	Am Samstag kann ich nicht kommen.			X	
11. Leila:	Weiß noch nicht.				X
~~12. Miguel:~~	~~(Seine Antwort fehlt noch.)~~				
		Zwischenergebnis	4	3	4

Nachdem Simon aufgrund der 11 Antworten die provisorische Liste erstellt hat, ruft Miguel an und sagt, er finde die Idee lässig und er komme gern.

A2.2: *Streiche oben die Zeilen 9 und 12 durch und trage die beiden neuen Resultate sowie das Endergebnis hier ein.*

9. Indrani:	(Kommt, wenn Miguel auch kommt.)	X		
12. Miguel:	(Er kommt gern.)	X		
	Endergebnis	6	3	3

BEDINGUNGEN

L5 Immer oder nicht immer?

A5.1: Welche Aussagen sind immer gültig?
Welche betreffen nur einzelne Ereignisse? *Kreuze an.*

		immer gültig	nicht immer gültig
1.	Wenn es regnet und die Sonne scheint, gibt es einen Regenbogen.	X	
2.	Wenn du mich am nächsten Sonntag besuchst, gehen wir ins Kino.		X
3.	Wenn es nicht bewölkt ist, sehen wir heute Abend den Vollmond.		X
4.	Wenn du dich beeilst, erreichen wir den Schnellzug um 10 Uhr 15.		X
5.	Wenn der Strom ausfällt, brennt die Lampe nicht.	X	
6.	Wenn die Straße vereist ist, muss man vorsichtig gehen.	X	
7.	Wenn ich die Prüfung bestehe, erhalte ich ein Mountainbike.		X
8.	Wenn das Huhn ein Ei gelegt hat, gackert es.	X	
9.	Wenn ein Flugzeug abstürzt, gibt es nur selten Überlebende.	X	
10.	Wenn du mir dein Skateboard leihst, gebe ich dir die CD.		X
11.	Wenn das Benzin ausgeht, fährt das Auto nicht mehr.	X	
12.	Wenn du willst, kannst du mit uns in die Ferien fahren.		X

Sätze mit *wenn* sind nicht immer schön; oft kann man sie einfacher schreiben:

Als Beispiel Satz 3:

3. Bei klarem Himmel sehen wir heute Abend den Vollmond.

A5.2: *Wähle oben drei Sätze aus. Schreibe sie besser und ohne* wenn.

Nr.	**Verbesserter Satz** *Du musstest nur drei Sätze aufschreiben.*
5.	**Ohne Strom (Bei Stromausfall) brennt die Lampe nicht.**
6.	**Bei vereister Straße muss man vorsichtig gehen.**
7.	**Nach bestandener Prüfung erhalte ich ein Mountainbike.**
9.	**Bei einem Flugzeugabsturz gibt es nur selten Überlebende.**
11.	**Ohne Benzin fährt das Auto nicht.**

BEDINGUNGEN

L8 Ich hätte, ich wäre, ich würde

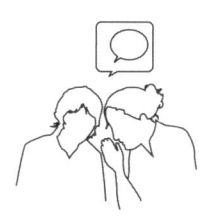

Wünsche, die sich nicht erfüllt haben, drückt man anders aus als solche, die in Erfüllung gegangen sind.

Nehmen wir an, du hast dir mehr Taschengeld gewünscht. Deine Eltern haben dir angeboten, im Haushalt kleinere Arbeiten zu übernehmen und zusätzliches Taschengeld zu verdienen. Darüber kannst du auf zwei Arten berichten:

- Wenn ich meine Aufgaben gut gemacht *habe, habe* ich mehr Taschengeld bekommen.

  Das heißt: Immer, wenn du deine Aufgaben gut gemacht hast, dann hast du mehr Taschengeld bekommen. Dein Wunsch nach mehr Taschengeld wurde erfüllt.

- Wenn ich die Aufgaben gut gemacht *hätte, hätte* ich mehr Taschengeld bekommen.

  Das heißt: Du hast die Aufgaben (meistens) nicht gut gemacht; deshalb hast du kein zusätzliches Taschengeld erhalten. Dein Wunsch nach mehr Taschengeld wurde nicht erfüllt.

Du kennst die verschiedenen Verbformen.

A8: *Ergänze die Tabelle:*

	haben		sein		werden	
ich	habe	hätte	bin	wäre	werde	würde
du	hast	hättest	**bist**	**wärst**	wirst	würdest
er/sie/es	hat	**hätte**	ist	**wäre**	wird	**würde**
wir	**haben**	**hätten**	sind	**wären**	**werden**	**würden**
ihr	habt	**hättet**	seid	**wärt**	werdet	**würdet**
sie	**haben**	**hätten**	sind	**wären**	**werden**	**würden**

BEDINGUNGEN

L9 Wenn ich aufgepasst hätte …

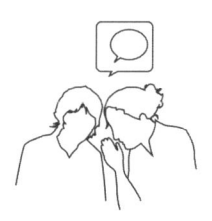

Helen hat nicht aufgepasst. Sie hat sich in den Finger geschnitten.

Das hätte Helen vermeiden können:

Wenn Helen aufgepasst *hätte, hätte* sie sich nicht in den Finger geschnitten.

A9: *Schreibe die Sätze als Wenn-Sätze, und zwar so, dass die negative Folge ausbleibt:*

1. Cyrill hat den Wecker nicht gehört.
   Er ist zu spät gekommen.

   Wenn Cyrill den Wecker gehört hätte, wäre er nicht zu spät gekommen.

2. Sindi hat ihr Fahrrad nicht abgeschlossen.
   Es ist gestohlen worden.

   Wenn **Sindi ihr Fahrrad abgeschlossen hätte, wäre es nicht gestohlen worden.**

3. Boris hat gegen die Wand geschlagen.
   Er hat sich den Finger verstaucht.

   Wenn Boris nicht gegen die Wand geschlagen hätte, hätte er sich den Finger nicht verstaucht.

4. Carmen hat die heiße Platte berührt.
   Sie hat sich die Hand verbrannt.

   Wenn Carmen die heiße Platte nicht berührt hätte, hätte sie sich die Hand nicht verbrannt.

5. Andrina hat den Kuchen vergessen.
   Er ist verbrannt.

   Wenn Andrina den Kuchen nicht vergessen hätte, wäre er nicht verbrannt.

6. Jan hat die Haustür nicht abgeschlossen.
   Es ist eingebrochen worden.

   Wenn Jan die Haustür abgeschlossen hätte, wäre nicht eingebrochen worden.

ANWENDUNG DES KONJUNKTIVS II

L11 Gedachtes

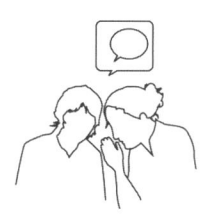

Du kennst bereits Verbformen wie *hätte* und *wäre*.
Man nennt diese Verbform **Konjunktiv II**.

II ist das römische Zeichen für **zwei**.

**Der Konjunktiv II drückt aus,
dass man sich etwas nur vorstellt oder denkt.**

Diese Verbform – den Konjunktiv II – kennst du auch von anderen Verben.

A11.1: *Ergänze die Tabelle – wenn du nicht zu groß schreibst, haben die Verben Platz.*

	können	mögen	dürfen	müssen	sollen	wollen
ich	könnte	möchte	dürfte	müsste	sollte	wollte
du	könntest	möchtest	dürftest	müsstest	solltest	wolltest
er/sie/es	könnte	möchte	dürfte	müsste	sollte	wollte
wir	könnten	möchten	dürften	müssten	sollten	wollten
ihr	könntet	möchtet	dürftet	müsstet	solltet	wolltet
sie	könnten	möchten	dürften	müssten	sollten	wollten

A11.2: *Wähle oben die passende Verbform aus und setze sie ein.*

1. Er (sollen) **sollte** sich die Haare schneiden lassen.

2. Ich (mögen) **möchte** mit ihm ins Kino gehen.

3. Ihr (können) **könntet** die Plakate gestalten.

4. Wir (müssen) **müssten** zuerst die Rollen verteilen.

5. Sie (dürfen; Plural) **dürften** bereits in Rom sein.

6. Du (wollen) **wolltest** doch auch mitkommen.

ANWENDUNG DES KONJUNKTIVS II

L12 Sehr höflich

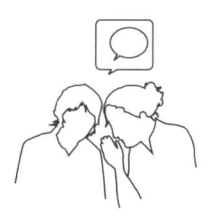

Mit dem Konjunktiv II kann man eine Bitte höflicher ausdrücken oder jemandem einen höflichen Ratschlag erteilen.

Beispiele: Könnten Sie mir bitte helfen? – Würden Sie mir bitte helfen?

Dürfte ich Sie um eine Auskunft bitten?

Sie sollten pünktlicher sein.

A12: *Formuliere die folgenden Angaben als höfliche Bitte oder als höflichen Ratschlag.*

1. Du fragst Anita, ob du ihre Schere benutzen darfst.
   Dürfte ich deine Schere benutzen?

2. Du empfiehlst Percy, sich die Haare zu waschen.
   Du **solltest dir die Haare waschen.**

3. Du bittest deine Tante, dir zwei Euro zu leihen.
   Könntest du mir zwei Euro leihen? /
   Würdest du mir zwei Euro leihen?

4. Du schlägst vor, gemeinsam ins Kino zu gehen.
   Wir **könnten gemeinsam (zusammen) ins Kino gehen.**

5. Du rätst Diana, die Wahrheit zu sagen.
   Du solltest die Wahrheit sagen.

6. Du fragst einen Polizisten nach dem Weg zur Busstation.
   Könnten **Sie mir den Weg zur Busstation zeigen?**

ANWENDUNG DES KONJUNKTIVS II

L14 Die gewonnene Reise

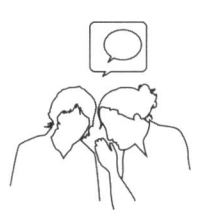

Den Konjunktiv II der Verben

haben, sein, werden, können, mögen, dürfen, müssen, sollen, wollen

hast du kennengelernt.

Es gibt noch andere Verben, die für den Konjunktiv II eine eigene Form haben:

bringen, geben, gehen, kommen, lassen, sehen, wissen und andere.

Beispiele: Ich *brächte* dir gern das Buch zurück.
Ich *gäbe* viel, wenn ich die Mathe-Prüfung schon hinter mir hätte.
Ich *sähe* mir gern einen Abenteuerfilm an.
Ich *wüsste* schon gern, ob er kommt oder nicht.

A14: *Male im folgenden Text alle Konjunktiv II-Formen mit Farbe an.*

So verliefe unsere Reise

Wenn wir die Wettbewerbs-Reise gewinnen würden, könnten wir bereits im nächsten Monat nach Südfrankreich fliegen. Es würde uns keinen Cent kosten; wir bekämen sogar Taschengeld.

Am ersten Tag flögen wir nach Marseille. Auf dem Flughafen von Marignane käme uns ein Taxi abholen und brächte uns ins Hotel. Wir würden wie Könige willkommen geheißen, könnten das beste Essen auswählen und Dessert bestellen, so viel wir möchten.

Wir würden ausgiebig shoppen und typische Dinge kaufen. Wir dürften aber auch Ausflüge in die Umgebung machen. Wenn wir die Camargue besuchen würden, sähen wir sicher weiße Pferde und wilde Stiere. Wenn ich nur wüsste, wann die Zigeunerwallfahrt stattfindet; das möchte ich einmal erleben.

Es gäbe so vieles anzuschauen, das wir noch nie gesehen haben. Und wir könnten nachher darüber berichten, sodass alle neidisch würden. Wenn diese Reise doch Wirklichkeit würde!

ANWENDUNG DES KONJUNKTIVS II

L16 Wenn-Sätze kürzer schreiben

Viele Wenn-Sätze kann man kürzer schreiben.

Beispiele: *Wenn* ich doch nur rechtzeitig am Bahnhof *gewesen wäre*!
Wäre ich doch rechtzeitig am Bahnhof *gewesen*!

Ich *wäre* froh, wenn ich schon zu Hause *wäre*.
Wäre ich doch schon zu Hause!

A16: *Schreibe die folgenden Wenn-Sätze kürzer und ohne* wenn.

1. Ich wäre froh, wenn ich das Geheimnis nicht verraten hätte.

   Hätte ich doch das Geheimnis nicht verraten!

2. Es wäre einfacher, wenn ich eine gute Ausrede wüsste!

   Wüsste ich doch eine gute Ausrede!

3. Es wäre lustiger, wenn meine Freundin mitkäme!

   Käme doch meine Freundin mit!

4. Es wäre gut, wenn ich fliegen könnte!

   Könnte ich (doch) fliegen!

5. Es wäre angenehm, wenn ich nicht allein gehen müsste.

   Müsste ich (nur) nicht allein gehen!

6. Es wäre schön, wenn mir mein Vater 20 Euro gäbe.

   Gäbe mir mein Vater doch 20 Euro!

ANWENDUNG DES KONJUNKTIVS II

L17 Aus zwei mach eins

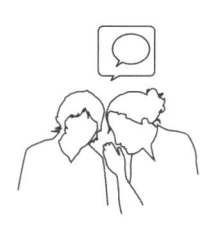

Es gibt noch andere Möglichkeiten, um Sätze kürzer zu schreiben. So kann man aus zwei Teilsätzen einen einzigen Satz machen.

Beispiele: Ich wäre ganz zufrieden, wenn ich mehr Taschengeld erhielte.
Mit mehr Taschengeld wäre ich ganz zufrieden.

Wenn ich an deiner Stelle wäre, würde ich die Wahrheit sagen.
An deiner Stelle würde ich die Wahrheit sagen.

A17: *Bilde aus den zwei Teilsätzen einen einzigen Satz.*

1. Wenn es regnet, findet das Fest in der Turnhalle statt.
   Bei Regen(wetter) findet das Fest in der Turnhalle statt.

2. Wenn ich einen Spickzettel hätte, würde ich weniger Fehler machen.
   Mit einem Spickzettel würde ich weniger Fehler machen.

3. Wenn es einen Stau gibt, kommt man nur langsam vorwärts.
   Bei (einem) Stau kommt man nur langsam vorwärts.

4. Wenn ich etwas Glück hätte, könnte ich gewinnen.
   Mit etwas Glück könnte ich gewinnen.

5. Wenn ich das Zeichen gebe, müsst ihr losrennen.
   Auf mein Zeichen hin müsst ihr losrennen.

6. Wenn wir keine guten Schuhe hätten, wäre die Wanderung zu gefährlich.
   Ohne gute Schuhe wäre die Wanderung zu gefährlich.

ANWENDUNG DES KONJUNKTIVS II

L18 würde

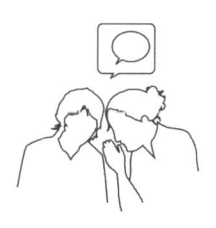

Wichtig ist, dass man beim Lesen oder Hören merkt, ob etwas wirklich oder nur gedacht ist. Viele Verben haben aber keine eigene Konjunktiv II-Form oder sie ist veraltet. In solchen Fällen kann man *würde* verwenden.

Beispiel: Wenn es morgen ~~regnete~~ → regnen würde, müssten wir zu Hause bleiben.

„regnete" ist formal mit der Vergangenheit (Präteritum) gleich; man merkt nicht, dass es ein Konjunktiv ist. Deshalb verwendet man die Grundform *regnen* mit dem Konjunktiv II *würde*.

A18: *Setze in den folgenden Sätzen den Konjunktiv II ein, wenn es möglich ist. Sonst verwendest du die Grundform des Verbs und die richtige Form von* würde.

1. Wenn ich nur (wissen) **wüsste**, warum er noch nicht hier ist!

2. Wenn ich ihn (sehen) **sähe**, gäbe ich ihm die CD zurück.

3. Wenn du hier (sein) **wärst**, hätten wir wirklich viel Spaß.

4. Wenn du (lernen) **lernen würdest**, könntest du die Aufgabe lösen.

5. Wenn Ines (kommen) **käme**, könnten wir zu viert spielen.

6. „Herr Hasler, (dürfen) **dürfte** ich Sie um einen Gefallen bitten?"

7. Wenn ich frei (haben) **hätte**, sähe ich mir den Film an.

8. Wenn ich (können) **könnte**, würde ich dir gern helfen.

9. Wenn ihr (warten) **warten würdet**, käme ich gern mit euch in den Zoo.

ANWENDUNG DES KONJUNKTIVS II

L19 „*würde, würde*" würde ich nicht sagen

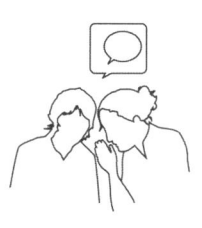

Sätze, in denen zweimal nacheinander *würde* vorkommt, sind nicht schön. Meistens kann man sie anders schreiben.

Beispiel: Wenn Eric besser suchen würde, würde er den Schlüssel finden.

Wenn Eric besser suchte, { *fände er den Schlüssel.* / *würde er den Schlüssel finden.* }

Suchte ist zwar formal mit der Vergangenheit (Präteritum) gleich. Streng genommen müsste man dann die würde-Form verwenden. Aber ein einziger Konjunktiv im Satz genügt, damit deutlich wird, dass die Bedingung nicht erfüllt ist.

A19: *Schreibe die Sätze so, dass nur ein einziges* würde *vorkommt. Manchmal kann man auch* wenn *weglassen.*

1. Wenn wir zusammenhalten würden, würden wir gewinnen.
   → Wenn wir zusammenhielten, würden wir gewinnen. / Würden wir zusammenhalten, gewännen wir.

2. Wenn ich ihr alles sagen würde, würde sie böse.
   → **Wenn ich ihr alles sagte, würde sie böse.**

3. Wenn ich ihr eine Karte schicken würde, würde sie sich freuen.
   → **Schickte ich ihr eine Karte, / (Wenn ich ihr eine Karte schickte,) würde sie sich freuen.**

4. Wenn man ihn fragen würde, würde er sicher lügen.
   → **Fragte man ihn, / (Wenn man ihn fragte,) würde er sicher lügen.**

5. Wenn du ihn warnen würdest, würde er besser aufpassen.
   → **Wenn du ihn warntest, würde er besser aufpassen.**

6. Wenn sie aufpassen würde, würde sie weniger Fehler machen.
   → **Wenn sie aufpassen würde, machte sie weniger Fehler. / Wenn sie aufpasste, würde sie weniger Fehler machen.**

ANWENDUNG DES KONJUNKTIVS II

L20 als ob / als wenn

Mit dem Konjunktiv II kann man Vergleiche ausdrücken, die nicht zutreffen.

Beispiel:

Simon verschwendet Geld,
- *als ob* er Millionär *wäre*.
- *als wenn* er Millionär *wäre*.
- *als wäre* er Millionär.

In Wirklichkeit ist er kein Millionär; er tut nur so. Der Vergleich trifft nicht zu.

A20: *Ergänze die folgenden Sätze. Du musst nur eine Möglichkeit aufschreiben.*

1. Sie tut so, (uns nicht kennen)
   als ob (als wenn) sie uns nicht kennen würde. /
   als würde sie uns nicht kennen.

2. Er benimmt sich, (Chef sein)
   als ob (als wenn) er (der) Chef wäre. /
   als wäre er (der) Chef.

3. Edith stellt sich an, (nicht lesen können)
   als ob (als wenn) sie nicht lesen könnte. /
   als könnte sie nicht lesen.

4. Sie schaut drein, (morgen Weltuntergang sein)
   als ob (als wenn) morgen Weltuntergang wäre. /
   als wäre morgen Weltuntergang.

5. Ali tut, (von nichts wissen)
   als ob (als wenn) er von nichts wüsste. /
   als wüsste er von nichts.

6. Dora geht, (80 Jahre alt sein)
   als ob (als wenn) sie 80 Jahre alt wäre. /
   als wäre sie 80 Jahre alt.

7. Es ist so düster, (draußen regnen)
   als ob (als wenn) es draußen regnen würde. /
   als würde es draußen regnen.

ANWENDUNG DES KONJUNKTIVS II

L22 Was trifft zu?

A22: *Entscheide bei jedem Satz, was er ausdrückt:*
- *eine unerfüllte Bedingung,*
- *einen unerfüllten Wunsch oder etwas nur Gedachtes,*
- *einen Vergleich, der nicht zutrifft.*

Kreuze an.

	unerfüllte Bedingung	Wunsch / Gedachtes	Vergleich
1. Du gehst, als ob du betrunken wärst.			X
2. Wenn sie aufgepasst hätte, wäre das nicht passiert.	X		
3. Wenn er sich beeilt hätte, säßen wir jetzt in der Bahn.	X		
4. Ich hätte ihm die Wahrheit sagen sollen.		X	
5. Sie jubelte, als hätte sie eine Million gewonnen.			X
6. Käme sie doch nur bald zurück!		X	
7. Er fährt, als ob er allein auf der Straße wäre.			X
8. Wenn ich alles gelesen hätte, wäre ich nicht reingefallen.	X		
9. Ich möchte wieder einmal tanzen gehen.		X	
10. Hätte ich ihn doch rechtzeitig gewarnt!		X	
11. Du spielst dich auf, als ob du ein Star wärst.			X
12. Das gelbe T-Shirt hätte mir viel besser gefallen.		X	
13. Wenn du dich anstrengen würdest, könntest du es.	X		
14. Sie könnte ruhig ein bisschen netter sein.		X	
15. Wenn ich nicht so müde wäre, käme ich mit euch.	X		

WIEDERGEBEN, WAS ANDERE GESAGT HABEN

L24 Schweigen und sprechen

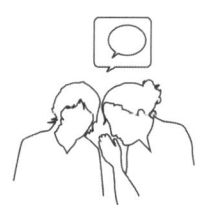

Stell dir vor, alle Leute müssten einen ganzen Tag lang schweigen. Niemand dürfte ein Wort sagen … Das wäre doch schrecklich!

Wie viel schöner ist es, miteinander zu plaudern und auch zuzuhören, was andere berichten.

Zugegeben, manchmal ist es besser, jemandem nicht alles zu erzählen und etwas für sich zu behalten. Aber normalerweise reden wir während des Tages mit den verschiedensten Leuten. Oder wir telefonieren.

Arlette hat den Bus verpasst und kann deshalb erst eine halbe Stunde später bei ihrer Freundin sein.

Am Telefon sagt Arlette zu ihrer Freundin: „Ich habe den Bus verpasst. Ich kann erst eine halbe Stunde später bei dir sein."

Das hat Arlette wörtlich gesagt. Sätze, die in Anführungszeichen stehen, hat jemand genau so gesagt. Man nennt dies **direkte Rede**. Man gibt wörtlich wieder, was jemand gesagt hat.

A24: *Schreibe die folgenden Sätze als direkte Rede. Achte auf die Anführungszeichen.*

1. Chris hat nicht gesehen, wer die Farbstifte gestohlen hat.

   Chris behauptet: „Ich habe **nicht gesehen, wer die Farbstifte gestohlen hat.**"

2. Martina weiß nicht, wo das Aufsatzheft ist.

   Martina sagt: **„Ich weiß nicht, wo das Aufsatzheft ist."**

3. Kevin will wissen, wann der Film beginnt.

   Kevin fragt: **„Wann beginnt der Film?"**

WIEDERGEBEN, WAS ANDERE GESAGT HABEN

L25 Hast du schon gehört, …?

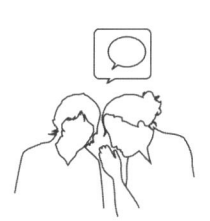

„Hast du schon gehört, dass Alma zu Patty gesagt hat, Lucy habe Cecilia erzählt, Laila habe Simona verraten, Sabine gehe neuerdings mit Lorenzo?"

Das ist ziemlich kompliziert, nicht wahr?

Und ob es wirklich stimmt, was all die Mädchen einander erzählt haben, das weiß man am Schluss nicht.
Vielleicht ist es ja auch nur ein Gerücht!

Jeden Tag kann man hören und lesen, was andere Leute gesagt haben:

Präsident Maier bestätigte, dass er bei den nächsten Wahlen nicht mehr antreten werde.
Nadia erzählte, sie gehe mit ihrem Freund auf das Pop-Konzert der Loudies.
Eric behauptete, er habe das ganze Buch gelesen.

Das haben die Personen nicht wörtlich gesagt. Jemand anders berichtet, was sie gesagt haben. Man nennt dies **indirekte Rede**. Man gibt nicht wörtlich wieder, was jemand gesagt hat.

A25: Direkte oder indirekte Rede? *Kreuze an.*

	Direkte Rede	Indirekte Rede
1. Aline erwidert: „Das glaubst du doch selbst nicht!"	X	
2. Roger behauptet, er habe die Hausaufgaben selbst gemacht.		X
3. Nina fragt ihren Bruder, ob er auch zu Hause bleibe.		X
4. Die Fernsehsprecherin sagt: „Sehen Sie jetzt die Tagesschau."	X	
5. Die Mutter fragt: „Wer von euch möchte ein Stück Torte?"	X	
6. Andi ruft gereizt, das habe er uns schon oft erklärt.		X

WIEDERGEBEN, WAS ANDERE GESAGT HABEN

L26 Unterschiede feststellen

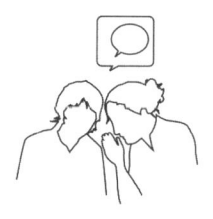

Die **direkte** und die **indirekte Rede** sehen unterschiedlich aus.

A26: Was unterscheidet die folgenden Satzpaare (a und b) voneinander?
Male im zweiten Satz (b) die Unterschiede farbig an.

1. a Der Lehrer sagt: „Morgen fällt die Turnstunde aus."

   b Der Lehrer sagt, morgen falle die Turnstunde aus.

2. a Bob ruft begeistert: „Über dem Wald ist ein Ufo!"

   b Bob ruft begeistert, über dem Wald sei ein Ufo.

3. a Lucie fragt enttäuscht: „Warum darf ich nicht mitkommen?"

   b Lucie fragt enttäuscht, warum sie nicht mitkommen dürfe.

4. a Thomas sagt: „Wenn ich Geld hätte, würde ich dich einladen."

   b Thomas sagt, wenn er Geld hätte, würde er mich einladen.

5. a Alice flüstert ängstlich: „Im Keller schleicht ein Einbrecher umher."

   b Alice flüstert ängstlich, im Keller schleiche ein Einbrecher umher.

6. a Tim sagte mir gestern: „Meine Freundin hat mich enttäuscht."

   b Tim sagte mir gestern, seine Freundin habe ihn enttäuscht.

WIEDERGEBEN, WAS ANDERE GESAGT HABEN

L27 Fragen ohne Fragezeichen

In der indirekten Rede gibt es keine Fragezeichen und auch keine Ausrufezeichen.

A27: *Setze alle Satzzeichen ein.* ***Du musstest die Satzzeichen nicht anmalen!***

Direkte Rede	Indirekte Rede
1. Ingmar hat mich gefragt: „Kommst du morgen auch mit zu uns?"	Ingmar hat mich gefragt, ob ich morgen auch mit zu ihnen komme.
2. Sie fragte ihn höflich: „Wohin gehst du denn so früh?"	Sie fragte ihn höflich, wohin er denn so früh gehe.
3. Er erwidert zornig: „Dir glaube ich sowieso kein Wort!"	Er erwidert zornig, mir glaube er sowieso kein Wort.
4. Die Touristin erkundigt sich: „Wie komme ich zum Hauptbahnhof?"	Die Touristin erkundigt sich, wie sie zum Hauptbahnhof komme.
5. Der Mann bedauert: „Ich weiß die Antwort leider auch nicht."	Der Mann bedauert, er wisse die Antwort leider auch nicht.
6. Herr Wolf schreit bitterböse: „Verschwindet sofort!"	Herr Wolf schreit bitterböse, wir sollten sofort verschwinden.
7. Die Lehrerin fragt : „Warum kommst du zu spät?"	Die Lehrerin fragt, warum ich zu spät komme.
8. Die Telefonistin erklärt: „Heute schließt das Büro um 16 Uhr."	Die Telefonistin erklärt, heute schließe das Büro um 16 Uhr.
9. Albin jubelt: „Ich habe den ersten Preis gewonnen!"	Albin jubelt, er habe den ersten Preis gewonnen.
10. Frau Groß erzählt: „Meine Tochter besucht ein Zwischenjahr."	Frau Groß erzählt, ihre Tochter besuche ein Zwischenjahr.
11. Manuela sagt abweisend: „Das esse ich nicht!" (oder „.")	Manuela sagt abweisend, das esse sie nicht.
12. Er fragt unsicher: „Sind wir uns nicht schon einmal begegnet?"	Er fragt unsicher, ob wir uns nicht schon einmal begegnet seien.

WIEDERGEBEN, WAS ANDERE GESAGT HABEN

L28 Überraschung

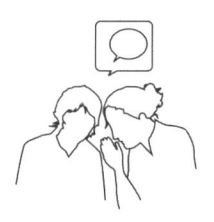

Geschichten oder Aufsätze werden spannender, wenn man zwischen direkter und indirekter Rede abwechselt.

A28: *Lege zwei Farbstifte bereit. Mit der einen Farbe kennzeichnest du die* direkte Rede, *mit der anderen die* indirekte Rede. *Die erzählenden Sätze brauchst du nicht anzumalen.*

Der 1. Preis

Mike, Jonas und Tomy schlendern gelangweilt durch die Gegend und wissen nicht so recht, was sie machen sollen. Sie legen sich ins Gras und diskutieren darüber, was sie unternehmen könnten.

Plötzlich blitzt ganz in der Nähe etwas auf. Mike sieht es zuerst. „Da, schaut, da glänzt etwas! Was ist das wohl?", ruft er aufgeregt.

Tomy springt auf und holt den rätselhaften Gegenstand. „Das darf doch nicht wahr sein! Eine Goldmedaille! Ob die echt ist?"

Mike sagt zu seinen Kameraden, sie könnten die Medaille auf der Bank verkaufen und das Geld unter sich aufteilen.

Jonas schaut sich etwas genauer um und findet einen offenen Briefumschlag. Darin steckt eine schön gestaltete Karte. Jonas liest vor: „Sportschützenverein Zwissikon. 1. Preis für Anatol Kugler, Zwissikon."

„Was sollen wir damit?", fragt Tomy. Jonas meint, sie könnten herausfinden, wo Anatol Kugler wohnt und ihm die Medaille bringen. Vielleicht erhielten sie dann einen Finderlohn.

Gesagt – getan. Die drei Jungen eilen ins Dorf zurück, suchen im Telefonbuch die Adresse, und schon läuten sie an seiner Wohnungstür. Erwartungsvoll geben sie ihm den Briefumschlag und sagen, das hätten sie gefunden.

Anatol Kugler blickt erstaunt von einem zum andern und sagt, das freue ihn außerordentlich, es sei doch das erste Mal gewesen, dass er den ersten Preis gewonnen habe. Er zückt sein Portemonnaie und gibt jedem fünf Euro. „Da", sagt er, „das ist für euch. Die Goldmedaille ist übrigens nur aus Trompetengold und nicht viel wert. Aber freuen tut sie mich trotzdem. Habt tausend Dank!"

WIEDERGEBEN, WAS ANDERE GESAGT HABEN

L29 Dreierlei

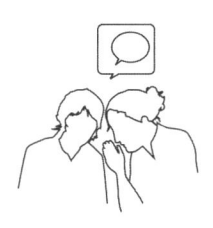

A29: Um welche Art des Satzes handelt es sich? *Kreuze an.*

	Erzählsatz	Direkte Rede	Indirekte Rede
1. Schimpansen sind die nächsten Verwandten des Menschen.	X		
2. „Das habe ich dir schon oft gezeigt!", ärgert sich der Mann.		X	
3. Axel hat erzählt, im Zoo sei gestern ein Krokodil entwichen.			X
4. Der Reiseführer erklärte, in Venedig gebe es 400 Brücken.			X
5. „Hast du Angst vor Gespenstern?", fragt Tina ihre Freundin.		X	
6. Sie trainiere jeden Tag mehrere Stunden, sagte die Siegerin.			X
7. Der Hals der Giraffe kann bis zu drei Meter lang werden.	X		
8. Warum sie gelogen habe, wollte der Lehrer wissen.			X
9. „Vorsicht, die Barriere ist geschlossen!", ruft der Fahrlehrer.		X	
10. Sie wünsche sich eine modische Halskette, schwärmt Arlette.			X
11. „Was wünschen Sie?", fragte der Kellner höflich.		X	
12. Es sei noch einmal alles gut gegangen, meint Dieter erleichtert.			X
13. Er habe leider den Namen vergessen, bedauert Herr Meier.			X
14. „Ich reise morgen früh ab", erklärt der Feriengast.		X	
15. Mit Humor geht vieles leichter.	X		

DER KONJUNKTIV I

L30 Der Konjunktiv I

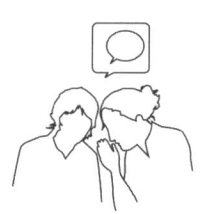

Du kennst zwei Arten, wie man Aussagen oder Fragen anderer Leute weitererzählen kann:

- Direkte Rede: Der Nachrichtensprecher sagt: „Heute Nacht **muss** mit starken Niederschlägen gerechnet werden."

- Indirekte Rede: Der Nachrichtensprecher sagt, heute Nacht **müsse** mit starken Niederschlägen gerechnet werden.

    Oder:

    Der Nachrichtensprecher sagt, **dass** heute Nacht mit starken Niederschlägen gerechnet werden **müsse**.

Das Verb *müsse* steht im **Konjunktiv I**.

Mit dem Konjunktiv I gibt man die indirekte Rede wieder.

Mit dem Konjunktiv I kann man also wiedergeben, was andere gesagt haben.

A30: *Schreibe die folgenden Sätze in indirekter Rede.*

1. Frau Kalt sagt zu Herrn Warm: „Morgen gibt es sicher Regen."

    Frau Kalt sagt zu Herrn Warm, **morgen gebe es sicher Regen.**

2. Pepe berichtet: „Tobi ist mit dem Hund spazieren gegangen."

    Pepe **berichtet, Tobi sei mit dem Hund spazieren gegangen.**

3. In der Zeitung steht: „In Japan hat es ein Erdbeben gegeben."

    In der Zeitung **steht, in Japan habe es ein Erdbeben gegeben.**

DER KONJUNKTIV I

L31 Der kleine Eisbär

A31: *Schreibe die folgende Geschichte in indirekter Rede.*

Bettina erzählte ihrer Freundin: „Im Berliner Zoo ist ein Eisbärbaby von seiner Mutter verstoßen worden. Ein Pfleger hat es zu sich genommen und mit einem Milchfläschchen aufgezogen.
Ich habe ein Foto gesehen. Der kleine Eisbär ist so niedlich. Er tapst herum, schnuppert überall und kugelt sich am Boden. Filmteams aus aller Welt sind angereist, um das drollige Eisbärmännchen zu filmen. Es heißt Knut."

Bettina erzählte ihrer Freundin, **im Berliner Zoo sei** ein Eisbärbaby von seiner Mutter verstoßen worden.

Ein Pfleger **habe** es zu sich genommen und mit einem Milchfläschchen aufgezogen. **Sie habe** ein Foto gesehen.

Der kleine Eisbär **sei** so niedlich.

Er **tapse** herum, **schnuppere** überall und **kugle** sich am Boden.

Filmteams aus aller Welt **seien** angereist, um das drollige Eisbärmännchen zu filmen. Es **heiße** Knut.

Die Wörter, bei denen du besonders acht geben musstest,

sind oben grau angemalt.

DER KONJUNKTIV I

L32 Indirekt gesagt

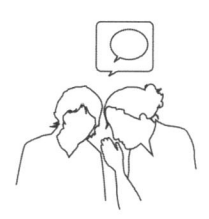

Mirjam wartet an der Bushaltestelle, wie viele andere Leute auch. Sie schnappt Bruchstücke von Sätzen auf, ohne die ganzen Zusammenhänge zu verstehen.

Später erzählt sie ihrer Freundin: „Du hättest das Durcheinander an Satzfetzen hören sollen. Das war richtig lustig. Daraus könnte man vielleicht eine komische Geschichte schreiben."

A32: *Schreibe die Verben im Konjunktiv I auf.*

1. Ein Mann beklagt, das (haben) __habe__ er nicht wissen können.
2. Eine Frau betont, das (sein) __sei__ die neue Sommermode.
3. … er (verlieren) __verliere__ bei diesem Spiel immer.
4. …mit etwas Glück (gelingen) __gelinge__ das Vorhaben sicher.
5. … Martina (kommen) __komme__ sicher wieder zu spät.
6. … er (sagen) __sage__ nichts mehr.
7. … das (kennen) __kenne__ man doch schon lange.
8. … den Film (müssen) __müsse__ man gesehen haben.
9. … das (können) __könne__ ja jeder behaupten.
10. … er (sollen) __solle__ doch endlich den Mund halten.

DER KONJUNKTIV I

L33 Nicht für alle

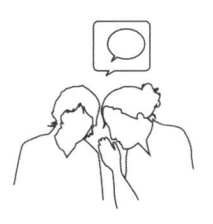

Du hast bisher schon viele Verben im Konjunktiv I geschrieben. Ist dir aufgefallen, dass sie immer in der dritten Person Einzahl standen? Der Grund dafür ist einfach:

Es gibt nicht für alle Personen eine eigene Form des Konjunktivs I.

Schau dir die Tabelle an:

	sehen		messen		wollen		mögen	
	Indikativ Präsens	Konjunktiv I Präsens	Indikativ Präsens	Konjunktiv I Präsens	Indikativ Präsens	Konjunktiv I Präsens	Indikativ Präsens	Konjunktiv I Präsens
ich	sehe	sehe	messe	messe	will	**wolle**	mag	**möge**
du	siehst	**sehest**	misst	**messest**	willst	**wollest**	magst	**mögest**
er/sie/es	sieht	**sehe**	misst	**messe**	will	**wolle**	mag	**möge**
wir	sehen	sehen	messen	messen	wollen	wollen	mögen	mögen
ihr	seht	**sehet**	messt	**messet**	wollt	**wollet**	mögt	**möget**
sie	sehen	sehen	messen	messen	wollen	wollen	mögen	mögen

A33: Was könnte es bedeuten, dass einzelne Felder der Tabelle grau unterlegt sind?
Kreuze alle Aussagen an, die zutreffen.

☐ 1. Das sind Verbformen, die man nie braucht.

☒ 2. Diese Verbformen unterscheiden sich
von der normalen Gegenwartsform (vom Indikativ).

☒ 3. Diese Verbformen braucht man für die indirekte Rede.

☐ 4. Diese Verbformen braucht man auch für die Vergangenheit.

☒ 5. Das sind Verben im Konjunktiv I.

DER KONJUNKTIV I

L34 Was tun?

Es ist natürlich wichtig, dass man merkt, ob du selbst etwas sagst, oder ob du erzählst, was andere gesagt haben.

A34.1: Was könnte man tun, um Konjunktiv I-Formen zu ersetzen, die nicht eindeutig sind? *Kreuze die zutreffende Antwort an.*

- [ ] 1. Dann muss man immer die direkte Rede benutzen.
- [X] 2. Man könnte den Konjunktiv II nehmen.
- [ ] 3. Für dieses Problem gibt es keine Lösung.
- [ ] 4. Man könnte den nicht eindeutigen Konjunktiv I in Anführungszeichen setzen.

A34.2: *Schreibe in den folgenden Sätzen das Verb so, dass man merkt, dass es indirekte Rede ist.*

1. Ich habe dir gesagt, ich (können) **könne** am Samstag nicht kommen.
2. Du hast gesagt, du (gehen) **gehest** auf eine Geburtstagsparty.
3. Er meint, du (wissen) **wissest** das doch schon lange.
4. Sie warf mir vor, ich (tun) **täte** ihm leider Unrecht.
5. Er schlägt vor, wir (können) **könnten** zu Fuß zum Bahnhof gehen.
6. Ich sagte den Kindern, sie (sollen) **sollten** gut auf sich aufpassen.
7. Ruth sagt erfreut, morgen (treffen) **treffe** sie ihren ehemaligen Freund.
8. Carol sagte zu Erika, sie (sehen) **sehe** wirklich gut aus.

DER KONJUNKTIV I

L35 Ganz einfach

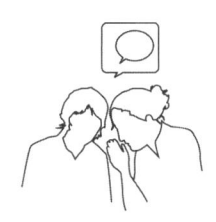

Wenn sich der Konjunktiv I nicht von der normalen Gegenwartsform unterscheidet, nimmt man für die indirekte Rede den Konjunktiv II.

So kannst du feststellen, ob sich der Konjunktiv I von der normalen Gegenwartsform unterscheidet:

1. Den **Konjunktiv I** bilden, indem du die Endungen *-e, -est, -e, -en, -et, -en* an die Stammform anhängst
2. Mit der normalen **Gegenwartsform** (= Indikativ) vergleichen

A35.1: *Das probierst du am besten gleich aus (damit du nicht so viel schreiben musst, sind einige Formen bereits eingetragen).*

Stamm-form		ich	du	er / sie / es	wir	ihr	sie
		-e	-est	-e	-en	-et	-en
müss~~en~~	1.	müsse	müssest	müsse	~~müssen~~	müsset	~~müssen~~
	2.	muss	musst	muss	~~müssen~~	müsst	~~müssen~~
lass~~en~~	1.	~~lasse~~	lassest	lasse	~~lassen~~	lasset	~~lassen~~
	2.	~~lasse~~	lässt	lässt	~~lassen~~	lasst	~~lassen~~
wiss~~en~~	1.	wisse	wissest	wisse	~~wissen~~	wisset	~~wissen~~
	2.	weiß	weißt	weiß	~~wissen~~	wisst	~~wissen~~
geh~~en~~	1.	~~gehe~~	gehest	gehe	~~gehen~~	gehet	~~gehen~~
	2.	~~gehe~~	gehst	geht	~~gehen~~	geht	~~gehen~~
könn~~en~~	1.	könne	könnest	könne	~~können~~	könnet	~~können~~
	2.	kann	kannst	kann	~~können~~	könnt	~~können~~

A35.2: *Streiche jetzt alle Formen durch, die in den beiden Zeilen 1. (= Konjunktiv I) und 2. (= normale Gegenwartsform / Indikativ) gleich sind.*

DER KONJUNKTIV I

L36 Dasselbe nochmals

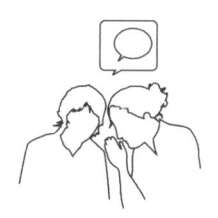

Unten steht dieselbe Tabelle wie auf der letzten Seite, aber mit anderen Verben. Zudem ist die Tabelle bereits ausgefüllt. Du siehst nochmals, wie einfach es ist, den Konjunktiv I zu bilden.

1. **Konjunktiv I**
2. Normale **Gegenwartsform** (Indikativ)
3. Gleiche Formen sind durchgestrichen

Stamm-form		ich	du	er / sie / es	wir	ihr	sie
		-e	-est	-e	-en	-et	-en
dürfen	1.	dürfe	dürfest	dürfe	~~dürfen~~	dürfet	~~dürfen~~
	2.	darf	darfst	darf	~~dürfen~~	dürft	~~dürfen~~
rufen	1.	~~rufe~~	rufest	rufe	~~rufen~~	rufet	~~rufen~~
	2.	~~rufe~~	rufst	ruft	~~rufen~~	ruft	~~rufen~~
tragen	1.	~~trage~~	tragest	trage	~~tragen~~	traget	~~tragen~~
	2.	~~trage~~	trägst	trägt	~~tragen~~	tragt	~~tragen~~
stehen	1.	~~stehe~~	stehest	stehe	~~stehen~~	stehet	~~stehen~~
	2.	~~stehe~~	stehst	steht	~~stehen~~	steht	~~stehen~~
sollen	1.	solle	sollest	solle	~~sollen~~	sollet	~~sollen~~
	2.	soll	sollst	soll	~~sollen~~	sollt	~~sollen~~

A36: Für welche Personen sind Gegenwart (Indikativ) und Konjunktiv I immer gleich?

Für die **1. (wir) und die 3. Person** (sie) **Mehrzahl** (Plural)

Bei welcher Person muss man besonders aufpassen (mal sind die Formen gleich, mal unterschiedlich)?

1. Person Einzahl (Singular)

DER KONJUNKTIV I

L37 Das erzählt Carmen über sich

Nehmen wir an, Carmen habe in einer Gruppe allerlei über sich erzählt. Am Abend erzählt sie zu Hause, was sie alles gesagt hat, und zwar in indirekter Rede.

A37: *Schreibe die Verben in indirekter Rede. Du weißt ja: Wenn der Konjunktiv I gleich ist wie die normale Gegenwartsform, nimmst du den Konjunktiv II.*

Heute Nachmittag habe ich einigen Kindern erzählt,

1. ich (sein) **sei** das zweitälteste Kind,

2. ich (habe) **hätte** einen älteren Bruder und eine kleine Schwester,

3. sie (können) **könne** noch nicht sprechen,

4. sie (sein) **sei** erst 8 Monate alt.

5. Ich (dürfen) **dürfe** manchmal mit dem Bruder ausgehen,

6. ich (kommen) **käme** sehr gut mit ihm aus.

7. Ich (gehen) **ginge** gern schwimmen und Rad fahren,

8. ich (mögen) **möge** Kartoffelbrei mit viel Sauce und Salat,

9. und ich (wollen) **wolle** später einmal Verkäuferin in einem Blumengeschäft werden.

DER KONJUNKTIV I

L39 Der seltsame Einbrecher

A39.1: *Lies die folgende Zeitungsnotiz:*

> **Genießerischer Einbrecher**
>
> Kürzlich hat die Polizei einen seltsamen Einbrecher festgenommen, dem es nicht um das Stehlen gegangen ist!
> Er brach in Luxusvillen ein, nahm ein Bad oder eine Dusche, durchsuchte die Kleiderschränke der Opfer und zog ihre Kleider an.
>
> Dann holte er sich etwas aus dem Kühlschrank und setzte sich vor den Fernseher. Später zog er den Pyjama des Hausherrn an und legte sich ins Bett.
> Am andern Morgen faltete er die benutzten Kleider sorgfältig zusammen, zog seine alten Klamotten an und ging ganz normal zur Arbeit.

A39.2: *Male im obigen Text alle Verben mit Farbe an.*

A39.3: *Erzähle den Text jetzt in indirekter Rede (du musst nur noch die Verben einsetzen).*

Kürzlich **habe** die Polizei einen seltsamen Einbrecher festgenommen,

dem es nicht um das Stehlen gegangen **sei**.

Er **sei** in Luxusvillen **eingebrochen**, **habe** ein

Bad oder eine Dusche **genommen**, die Kleiderschränke der

Opfer **durchsucht** und ihre Kleider **angezogen**.

Dann **habe** er sich etwas aus dem Kühlschrank **geholt**

und sich vor den Fernseher **gesetzt**. Später **habe**

er den Pyjama des Hausherrn **angezogen** und sich ins Bett

gelegt.

Am andern Morgen **habe** er die benutzten Kleider sorgfältig

zusammengefaltet, seine alten Klamotten

angezogen und **sei** ganz normal zur Arbeit

gegangen.

VERWANDLUNGEN

L40 Erzähl es weiter …

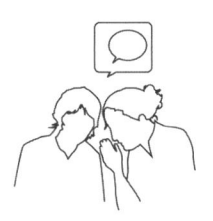

Lena sagt zu Marina:

> Ich habe mit meinem Aufsatz einen Preis gewonnen.

Marina erzählt es weiter:

> Lena hat gesagt, sie habe mit ihrem Aufsatz einen Preis gewonnen.

Lena erzählt von sich: **ich**.

Marina erzählt von Lena: **sie**.

Wenn du dir solche Situationen vorstellst, ist es einfach, die richtigen Pronomen zu finden. Das kannst du gleich ausprobieren.

A40: *Setze in der Spalte „Indirekte Rede" die richtigen Pronomen ein.*

	Direkte Rede	**Indirekte Rede**
1.	Sybille sagt: „Ich spiele im Theater eine Prinzessin."	Sybille sagt, **sie** spiele im Theater eine Prinzessin.
2.	Bruno erzählt: „Ich habe eine tolle Lehrstelle gefunden."	Bruno erzählt, **er** habe eine tolle Lehrstelle gefunden.
3.	Leila berichtet: „Ich lerne Klavier spielen."	Leila berichtet, **sie** lerne Klavier spielen.
4.	John erklärt: „Ich besuche mit meinem Freund einen Karate-Kurs."	John erklärt, **er** besuche mit **seinem** Freund einen Karate-Kurs.

VERWANDLUNGEN

L41 Wer ist „ich"?

ICH ist nicht immer dasselbe ICH!

Direkte Rede: Ives teilt Marco mit:	**Indirekte Rede:** Marco berichtet:
„**Ich** bin bei Thomi. Kommst du auch?"	Ives sagt, er sei bei Thomi und fragt, ob **ich** auch komme.
Hier ist mit „ich" Ives gemeint; er spricht von sich selbst.	Hier ist mit „ich" Marco gemeint; er spricht von sich selbst.

Wenn man direkte Rede in indirekte umformt, muss man nicht nur die Verbform ändern, sondern auch die Pronomen.

A41.1: *Male in der Spalte „Direkte Rede" die Pronomen farbig an.*

Direkte Rede	**Indirekte Rede**
1. Sabine jammert: „Ich habe meine neue CD verloren."	Sabine jammert, **sie** habe **ihre** neue CD verloren.
2. Patrik behauptet: „Ich bin der Größte in meiner Klasse."	Patrik behauptet, **er** sei der Größte in **seiner** Klasse.
3. Mary strahlt: „Ich darf mit meiner Freundin ausgehen."	Mary strahlt, **sie** dürfe mit **ihrer** Freundin ausgehen.
4. Victor fragt Judith: „Kommst du mit mir in die Disco?"	Victor fragt Judith, ob **sie** mit **ihm** in die Disco komme.
5. Giorgio frohlockt: „Meine Katze hat Junge bekommen."	Giorgio frohlockt, **seine** Katze habe Junge bekommen.
6. Ursina fragt Oskar: „Kannst du mir dein Moped leihen?"	Ursina fragt Oskar, ob **er** **ihr** **sein** Moped leihen könne.

A41.2: *Schreibe jetzt in der Spalte „Indirekte Rede" die Pronomen in der richtigen Form.*

VERWANDLUNGEN

L42 Wer ist was?

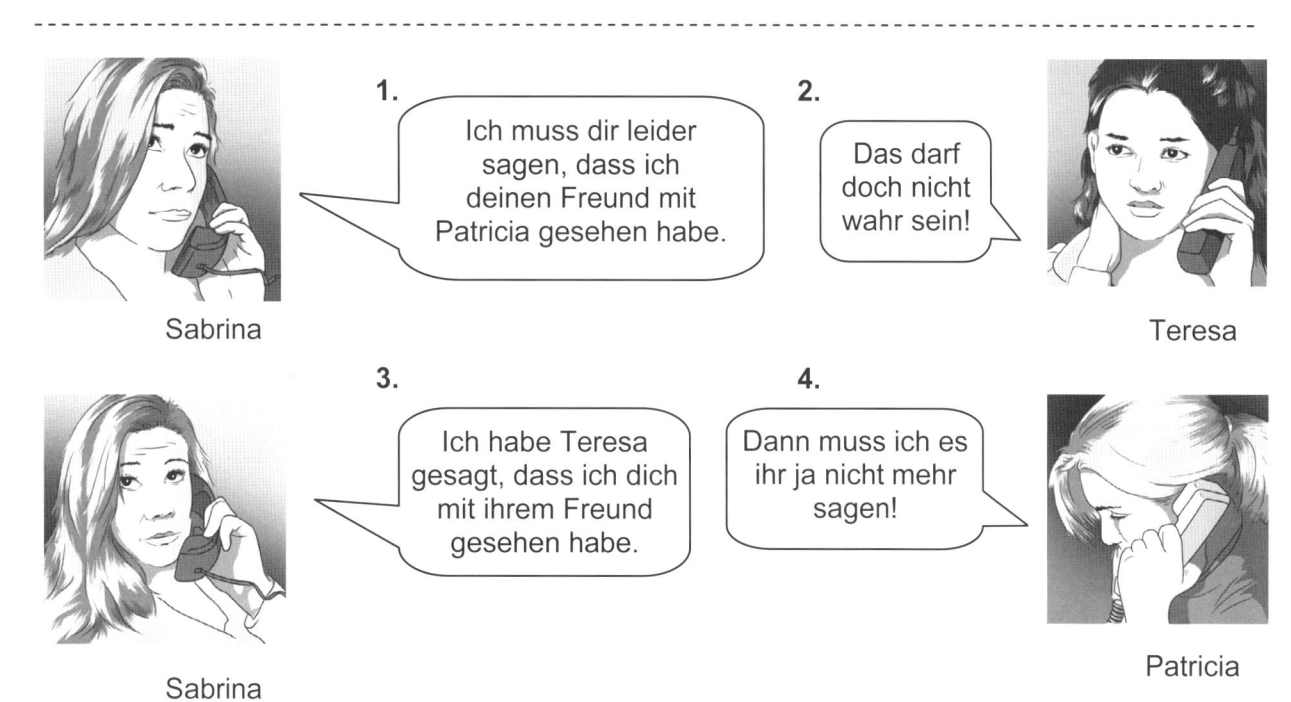

---

1. Sabrina: „Ich muss dir leider sagen, dass ich deinen Freund mit Patricia gesehen habe."

2. Teresa: „Das darf doch nicht wahr sein!"

3. Sabrina: „Ich habe Teresa gesagt, dass ich dich mit ihrem Freund gesehen habe."

4. Patricia: „Dann muss ich es ihr ja nicht mehr sagen!"

A42: *Schreibe die Namen der Mädchen unter die fett gedruckten Pronomen.*

1. Sabrina sagt zu Teresa: „**Ich** muss **dir** leider sagen, dass

                    Sabrina   Teresa
    _____

    ich   **deinen**   Freund mit Patricia gesehen habe."

    Sabrina   Teresa
    _____

3. Sabrina sagt zu Patricia: „**Ich** habe Teresa gesagt, dass **ich**

                    Sabrina   Sabrina
    _____

    dich   mit   **ihrem**   Freund gesehen habe.

    Patricia   Teresa
    _____

4. Patricia antwortet: „Dann muss **ich** es **ihr** ja nicht mehr sagen."

                          Patricia   Teresa
    _____

VERWANDLUNGEN

L43 Bald wissen es alle …

Schnell erzählen einander die Mädchen in der Klasse, dass Teresas Freund neuerdings mit Patricia gehe.

A43: *Schreibe die vier Sätze in indirekter Rede auf.* Damit du nicht so viel blättern musst, sind die wörtlichen Sätze nochmals aufgeschrieben. Da es hier keine Sprechblasen mehr gibt, muss man auch aufschreiben, wer mit wem spricht.

1. Sabrina sagt zu Teresa: „Ich muss dir leider sagen, dass ich deinen Freund mit Patricia gesehen habe."

   Sabrina sagt zu Teresa, **sie müsse ihr leider sagen,**

   dass sie ihren (Teresas) **Freund mit Patricia**

   gesehen habe.

2. Teresa antwortet: „Das darf doch nicht wahr sein!"

   Teresa **antwortet, das dürfe doch nicht wahr sein.**

3. Sabrina sagt zu Patricia: „Ich habe Teresa gesagt, dass ich dich mit ihrem Freund gesehen habe."

   Sabrina sagt zu Patricia, sie habe Teresa gesagt,

   dass sie (Sabrina) **sie** (Patricia) **mit ihrem** (Teresas) **Freund**

   gesehen habe.

4. Patricia antwortet: „Dann muss ich es ihr ja nicht mehr sagen!"

   Patricia antwortet, dann müsse sie es ihr (Teresa) **ja nicht mehr sagen.**

VERWANDLUNGEN

L44 Wer ist „sie"?

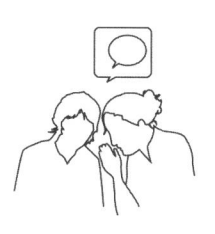

Die letzten Aufgaben haben dir gezeigt, dass man Nomen nicht einfach durch Pronomen ersetzen darf. Sonst weiß man nicht, wer zu wem über wen spricht.

Beispiel: Satz 3 aus A43:

Sabrina sagt zu Patricia, sie habe Teresa gesagt, dass sie sie mit ihrem Freund gesehen habe.
Hier ist nicht klar, wer wen mit wessen Freund gesehen hat.

So ist es klarer:
Sabrina sagt zu Patricia, sie habe Teresa gesagt, dass sie Patricia mit Teresas Freund gesehen habe.

Wenn du Sätze mit mehreren Pronomen schreibst, hilft nur eines: Überlegen!
Die Person, die den Text liest, muss sich vorstellen können, wer mit wem spricht.

A44: Ist das Pronomen in den folgenden Sätzen eindeutig?
Wenn ja, setzt du es ein. Wenn nein, schreibst du das Nomen auf.

1. Diana erzählt: „Elvira hat Carla eine CD geschenkt."

   Diana erzählt, **Elvira** habe **Carla** eine CD geschenkt.

2. Tonia sagt zu Priska: „Ich habe Ingrid nicht angelogen."

   Tonia sagt zu Priska, **sie** habe **Ingrid** nicht angelogen.

3. Melanie schreibt Luzia: „Komm doch zu mir!"

   Melanie schreibt Luzia, **sie** solle doch zu **ihr** kommen.

4. Die Tante sagte mir: „Komm doch zu mir!"

   Die Tante sagte mir, **ich** solle doch zu **ihr** kommen.

5. Anna behauptet: „Ich habe dir gesagt, dass ich kein Geld habe."

   Anna behauptet, **sie** habe **mir** gesagt, dass **sie** kein Geld habe.

VERWANDLUNGEN

L45 Feriengrüße

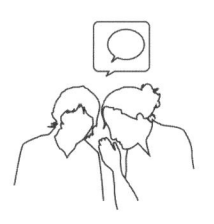

Marcel hat von seinem Onkel Felipe eine Ferienkarte erhalten:

> **Lieber Marcel**
> Du kannst dir gar nicht vorstellen, wie schön es hier ist. Seit Tagen scheint die Sonne. Am Samstag haben wir eine Schifffahrt gemacht. Ich zeige dir dann Fotos, wenn ich wieder bei euch bin.
>
> Herzliche Feriengrüße
> Onkel Felipe
>
> Marcel Bigler
> Blauweg 11
> 8004 Zürich

Marcel freut sich über die Grüße und erzählt seinen Eltern, was Onkel Felipe geschrieben hat.

A45: *Schreibe die Kartengrüße in indirekter Rede auf.*

Onkel Felipe hat mir geschrieben, **ich könne mir gar nicht**

vorstellen, wie schön es dort sei. Seit Tagen scheine

die Sonne. Am Samstag hätten sie eine Schifffahrt gemacht.

Er zeige mir dann Fotos, wenn er wieder bei uns sei.

Onkel Felipe hat geschrieben: „... wie schön es hier ist."
Kontrolliere in deinem Text, wie du das wiedergegeben hast.

VERWANDLUNGEN

L46 Hier und dort

Onkel Felipe ist in den Ferien im Ausland.
Auf der Karte schrieb er, dass es „hier" schön sei.

Wenn du seinen Text in indirekter Rede wiedergibst, musst du „hier" durch „dort" ersetzen: Onkel Felipe hat geschrieben, ich könne mir gar nicht vorstellen, wie schön es *dort* sei.

Das kannst du dir ja gut vorstellen: Der Ort, von dem aus jemand Feriengrüße schreibt, ist ja nicht hier, sondern eben *dort*.

A46: *Schreibe die direkte Rede als indirekte auf.*

1. „Hier in London ist es wunderschön."
   Dort in London sei es wunderschön.

2. „Hier im Süden ist herrliches Wetter."
   Dort im Süden sei herrliches Wetter.

3. „Dort bei euch wird es wohl regnen."
   Hier bei uns werde es wohl regnen.

4. „Du solltest uns hier einmal besuchen."
   Ich solle / sollte sie dort einmal besuchen.

5. „Ich werde euch bald in Bern besuchen."
   Sie / er werde uns bald in Bern besuchen.

6. „Die Reise quer durch Neuseeland ist ein Traum."
   Die Reise quer durch Neuseeland sei ein Traum.

VERWANDLUNGEN

L48 Die Wanderung

Nehmen wir an, ihr unternehmt eine Wanderung. Ihr seid euch aber nicht sicher, welches der richtige Weg ist. Jemand erklärt euch anhand einer Karte, wie ihr am besten weitergeht.

Die junge Frau sagt euch: „Es ist am besten, wenn ihr geradeaus bis zur Tankstelle geht. Dort biegt ihr nach rechts ab und wandert am Bach entlang bis zur Brücke. Diese müsst ihr überqueren und dann geradeaus gehen. Nach etwa fünf Minuten kommt ihr zu einer großen Schreinerei. Dort fragt ihr am besten wieder, damit ihr euch nicht verlauft."

Ihr verabschiedet euch höflich und wandert weiter. Unterwegs wiederholt ihr, was die Frau euch gesagt hat.

A48: *Schreibe die obige Wegbeschreibung in indirekter Rede. Achte auch auf die richtige Satzstellung. Manchmal gibt es mehr als eine Möglichkeit.*

Die junge Frau hat uns gesagt, **es sei am besten, wenn wir geradeaus bis zur Tankstelle gingen.** (es sei am besten, geradeaus bis zur Tankstelle zu gehen.)

Dort sollten / müssten wir nach rechts abbiegen

und am Bach entlang bis zur Brücke wandern.

Diese müssten wir überqueren und dann geradeaus gehen.

Nach etwa fünf Minuten kämen wir zu einer großen Schreinerei.

Dort sollten wir am besten wieder fragen,

damit wir uns nicht verlaufen würden.

VERWANDLUNGEN

L49 Durch die Blume gesagt

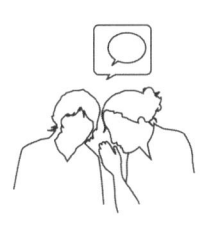

Jemandem „etwas durch die Blume sagen" heißt, dass man jemanden freundlich und vorsichtig kritisiert. Man sagt unangenehme Dinge nicht so direkt.

Verschiedenes stört euch an Pedro. Ihr diskutiert darüber, wie ihr ihn darauf aufmerksam machen könnt und wie ihr es sagen sollt.

Auf einer Liste notiert ihr verschiedene Punkte, die euch an Pedro stören:

1. Er ist unpünktlich.
2. Er redet immer dazwischen.
3. Er ist unzuverlässig: Wenn er etwas verspricht, hält er sich nicht daran.
4. Er plaudert Geheimnisse aus.
5. Er gibt Gegenstände, die er ausleiht, nicht zurück.
6. Er hat immer eine Ausrede.

A49: *Notiere in indirekter Rede, wie du Pedro diese Punkte sagen würdest.*

Ich würde Pedro sagen, es störe mich,

1. **dass er unpünktlich sei,**

2. **dass er immer dazwischenrede,**

3. **dass er unzuverlässig sei: Wenn er etwas verspreche, halte er sich nicht daran.**

4. **dass er Geheimnisse ausplaudere,**

5. **dass er Gegenstände, die er ausleihe, nicht zurückgebe,**

6. **dass er immer eine Ausrede habe.**

➔ *Wenn man die Einleitung anders schreiben würde, könnte man die Dass-Sätze ersetzen. Beispiel: Ich würde Pedro sagen,* **was mich stört: Er sei unpünktlich, er rede immer dazwischen, er sei unzuverlässig:** *Wenn er etwas verspreche, halte er sich nicht daran.* **Er plaudere Geheimnisse aus, er gebe Gegenstände, die er ausleihe, nicht zurück, er habe immer eine Ausrede.**

VERWANDLUNGEN

L50 Eins oder zwei?

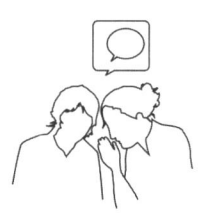

A50: *Lege zwei Farbstifte bereit.*
Mit einer Farbe malst du alle Verben an, die im Konjunktiv I stehen, und mit der anderen alle Verben im Konjunktiv II.

In der Zeitung stand vor einiger Zeit, …

◊ … ein 13-jähriger Junge habe ein großes Vermögen ergaunert. Er habe via Internet Artikel verkauft, die es gar nicht gebe. Viele Leute hätten die Waren bestellt und bezahlt. So seien mehrere hunderttausend Franken zusammengekommen.

◊ … auf einer Achterbahn in Kalifornien dürfe ab sofort niemand mehr schreien. Anwohner hätten sich über den dauernden Lärm beklagt.

◊ … in Amerika finde ein Wettbewerb für die stinkigsten Schuhe statt. Der erste Preis sei einer jungen Frau zugesprochen worden.

◊ … in Hongkong könnten Jugendliche, die ein Konzert besuchen möchten, ihre Eltern „abgeben". Diese dürften ihre Lieblingsmusik auf CD hören, und man serviere ihnen ein Gratisgetränk.

◊ … in einem chinesischen Restaurant bekämen die Gäste eine Strafe, wenn sie nicht alles aufäßen. Sie dürften die Reste auch mitnehmen.

◊ … in Rom müssten die Kutschpferde ab sofort Windeln tragen. Dadurch leiste man einen Beitrag für sauberere Straßen.

◊ … Ann Smith hätte schon immer gern einen Fallschirmsprung erlebt. Diesen Wunsch habe sie sich zum 90. Geburtstag erfüllt. Es sei alles gut gegangen; sie habe während des Flugs aber das Gebiss und das Hörgerät verloren.

VERWANDLUNGEN

L51 Ein Fernsehinterview

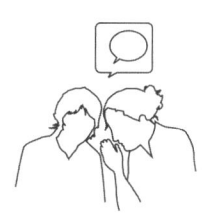

Sebastian hat an einem Wettbewerb teilgenommen. Er hofft, dass er den ersten Preis gewinnt. Er überlegt sich schon im Voraus, was er mit dem Geld machen könnte.

Er schreibt drei Wünsche auf:

1. Ich möchte eine Reise nach Venedig machen. Es wäre schön, wenn ich mit einer Gondel durch die Kanäle fahren könnte.

2. Ich würde mir einen CD-Player kaufen. Dann könnte ich meine Lieblingsmusik auch unterwegs hören.

3. Den Rest würde ich sparen. Vielleicht kaufe ich mir später ein Motorrad.

Sebastian hat tatsächlich einen Preis gewonnen. Das Fernsehen hat ihn interviewt und ihn gefragt, was er mit dem Geld machen wolle. Die Mutter hat die Sendung gesehen und erzählt am Abend dem Vater, was Sebastian gesagt hat.

A51: *Schreibe die Pronomen und die Verben in der richtigen Form auf.*

1. Im Interview hat Sebastian gesagt, **er** **möchte** eine Reise nach Venedig machen. Es **wäre** schön, wenn **er** mit einer Gondel durch die Kanäle **fahren** **könnte**.

2. **Er** **würde** **sich** einen CD-Player kaufen. Dann **könnte** **er** **seine** Lieblingsmusik auch unterwegs hören.

3. Den Rest **würde** **er** sparen. Vielleicht **kaufe** **er** **sich** später ein Motorrad.

Besser mit Brigg Pädagogik!
Erprobte Differenzierungsmaterialien für Mathematik!

Nicole Bauer / June Fay / Judy Tertini
Mathe lernen
Grundrechenarten und Textaufgaben
1./2. Klasse
172 S., DIN A4,
Kopiervorlagen mit Lösungen
Best.-Nr. 449

Der Schwierigkeitsgrad der Übungen steigt innerhalb der Kapitel langsam an, sodass für jedes Kind je nach Leistungsvermögen passgenaue Aufgaben bereitstehen. Jeweils mit **Informationsseiten** zu Lernzielen, Fachbegriffen und benötigten Materialien sowie zahlreichen **Kopiervorlagen** (mit Lösungen), Vertiefungsaufgaben und originellen **Zusatzaktivitäten** in jedem Kapitel.

Jörg Krampe / Rolf Mittelmann
Rechnen bis 20
Mit Plus und Minus im 1. und 2. Zehner und über den Zehner
88 S., DIN A4,
Kopiervorlagen mit Lösungen
Best.-Nr. 417

Alle Spiele enthalten zwischen 16 und 21 Aufgaben in vier Niveaustufen, jeweils zur Hälfte Plus- und Minusaufgaben. Die Übungen eignen sich perfekt für den Einsatz bei innerer Differenzierung, im **Förderunterricht**, im Wochenplan, in der Freiarbeit und in jahrgangsgemischten Klassen. Im Band „Rechnen bis 20" ist auf jeder Seite oben als zusätzliche Rechenhilfe ein Zahlenstrahl abgebildet. Lehrbuchunabhängig und ideal zur Gestaltung von **Vertretungsstunden**!

Jörg Krampe / Rolf Mittelmann
Rechnen bis 100
Mit Plus und Minus einstellig und zweistellig – ohne und mit Zehnerüberschreitung durch die verschiedenen Zehner
88 S., DIN A4,
Kopiervorlagen mit Lösungen
Best.-Nr. 457

Weitere Infos, Leseproben und Inhaltsverzeichnisse unter
www.brigg-paedagogik.de

Yvonne Kopf
Mathematik für hochbegabte Kinder
Vertiefende Aufgaben für die 3. und 4. Klasse

3. Klasse
56 S., DIN A4,
Kopiervorlagen
mit Lösungen
Best.-Nr. 435

4. Klasse
60 S., DIN A4,
Kopiervorlagen
mit Lösungen
Best.-Nr. 649

Die Bände enthalten **weiterführende**, **differenzierte** und **vertiefende Arbeitsblätter** zu allen Mathematikthemen der 3. und 4. Klasse. Aufgaben mit großen, humorvollen oder interessanten Zahlen, Rätsel, Sudokus, Kopfrechen- und ungewöhnliche Knobelaufgaben machen den Kindern Spaß, wecken ihr Interesse und motivieren sie zur selbstständigen Lösungsfindung.

Bestellcoupon

Ja, bitte senden Sie mir / uns mit Rechnung

____ Expl. Best.-Nr. _____
____ Expl. Best.-Nr. _____
____ Expl. Best.-Nr. _____
____ Expl. Best.-Nr. _____

Meine Anschrift lautet:

Name / Vorname

Straße

PLZ / Ort

E-Mail

Datum/Unterschrift   Telefon (für Rückfragen)

Bitte kopieren und einsenden/faxen an:

Brigg Pädagogik Verlag GmbH
zu Hd. Herrn Franz-Josef Büchler
Zusamstr. 5
86165 Augsburg

☐ Ja, bitte schicken Sie mir Ihren Gesamtkatalog zu.

Bequem bestellen per Telefon / Fax:
Tel.: 0821 / 45 54 94-17
Fax: 0821 / 45 54 94-19
Online: www.brigg-paedagogik.de

Besser mit Brigg Pädagogik!
Abwechslungsreiche Kopiervorlagen für Mathematik!

Jörg Krampe / Rolf Mittelmann

Einmaleins im Kopf gerechnet

Aufgabenblätter mit 11 000 Kopfrechenaufgaben zum kleinen Einmaleins – differenziert und leicht zu kontrollieren

ab 2. Klasse

152 S., DIN A4,
Kopiervorlagen mit Lösungen
Best.-Nr. 382

Die **134 Aufgabenblätter** bieten Ihnen ein umfangreiches Reservoir für Kopfrechenaufgaben zur **Sicherung des Basiswissens** aus dem Bereich des Einmaleins und seinen Umkehrungen. Auf jedem Blatt werden 10, 15 oder 20 Aufgaben in vier Gruppen mit ihren Ergebniszahlen angegeben. Auch die **Quadratzahlen** und die **Kernaufgaben** werden in der Sammlung berücksichtigt.

Wilfried Ermel

Grundwissen Mathematik in vier Stufen

40 Übungsblätter mit Lösungen zu den wichtigsten Mathematikthemen

1.– 4. Klasse

88 S., DIN A4,
Kopiervorlagen mit Lösungen
Best.-Nr. 607

Diese thematisch gegliederten Übungsblätter führen die Kinder von einfachen zu schwierigen Aufgaben – jeweils in vier Stufen. Sie **wiederholen, üben und vertiefen ihre Kenntnisse** in den vier Grundrechenarten, trainieren das Kopfrechnen, das Rechnen mit Maßen, Gewichten und Geldbeträgen, lösen Textaufgaben u. v. m.

Silvia Regelein

Richtig rechnen lernen – so klappt's!

Arbeitsblätter für ein gezieltes Rechentraining mit Selbstkontrolle

3. Klasse

120 S., DIN A4,
Kopiervorlagen mit Lösungen
Best.-Nr. 739

Dieses Übungsmaterial umfasst alle wichtigen **Mathematikthemen der 3. Klasse und grundlegende Rechenstrategien** in sinnvoller Reihenfolge. Es eignet sich besonders für selbstständiges und eigenverantwortliches Lernen. Dank der **umklappbaren Lösungsstreifen am Seitenrand** können die Schüler zunächst alle Aufgaben ungestört ausführen und durch Aufklappen der Lösung schnell und unkompliziert überprüfen.

Bernd Wehren

Der Zeichengeräte-Führerschein

Übungsmaterial zu Lineal, Geodreieck und Zirkel

3./4. Klasse

72 S., DIN A4,
Kopiervorlagen mit Lösungen,
32 Zeichengeräte-Führerscheine
Best.-Nr. 547

Klassensatz farbiger Zeichengeräte-Führerscheine

8 Bögen mit je 4 Führerscheinen
Best.-Nr. 548

Die **spielerischen Zeichenübungen** und **konkreten Aufgaben** des Bandes zum Umgang mit Lineal, Zirkel und Geodreieck lassen Ihre Schüler/-innen immer sicherer in der Handhabung mit den Zeichengeräten werden.

Bestellcoupon

Ja, bitte senden Sie mir / uns mit Rechnung

_____ Expl. Best.-Nr. _____
_____ Expl. Best.-Nr. _____
_____ Expl. Best.-Nr. _____
_____ Expl. Best.-Nr. _____

Meine Anschrift lautet:

_____
Name / Vorname

_____
Straße

_____
PLZ / Ort

_____
E-Mail

_____
Datum/Unterschrift   Telefon (für Rückfragen)

Bitte kopieren und einsenden/faxen an:

**Brigg Pädagogik Verlag GmbH
zu Hd. Herrn Franz-Josef Büchler
Zusamstr. 5
86165 Augsburg**

☐ Ja, bitte schicken Sie mir Ihren Gesamtkatalog zu.

Bequem bestellen per Telefon / Fax:
Tel.: 0821 / 45 54 94-17
Fax: 0821 / 45 54 94-19
Online: www.brigg-paedagogik.de